HENRY MILLER
BLAISE CENDRARS ZUM GRUSS

Henry Miller

Blaise Cendrars

HENRY MILLER

BLAISE CENDRARS

ZUM GRUSS

MIT TEXTEN VON ILJA EHRENBURG, GEROLD SPÄTH, JÜRG FEDERSPIEL, BEAT BRECHBÜHL, JOHN DOS PASSOS, ELISABETH MEYLAN U. A.

IM VERLAG DER ARCHE IN ZÜRICH

Herausgegeben von Konrad Federer

Printed in Switzerland by W. Villiger, Wädenswil
Gebunden von J. Stemmle & Co., Zürich
ISBN 3 7160 1507 5

INHALT

Über Blaise Cendrars ist in der Sammlung «poètes d'aujourd'hui» (Editions Pierre Seghers, Paris 1948) eine Monographie von Louis Parrot erschienen; von Hughes Richard ein Essay in «Schweizer Monatshefte» (Zürich, Juni 1970).

HENRY MILLER

BLAISE CENDRARS

Cendrars war der erste französische Schriftsteller, der mich während meines Aufenthaltes in Paris aufsuchte, und der letzte Mensch, den ich vor meinem Aufbruch sah. Mir waren gerade noch ein paar Minuten bis zur Abfahrt des Zuges nach Rocamadour geblieben, und ich trank ein letztes Glas auf der *terrasse* eines Hotels in der Nähe der Porte d'Orléans, als Cendrars auftauchte. Nichts hätte mir eine größere Freude bereiten können als diese unerwartete Begegnung in der letzten Minute. Mit wenigen Worten erzählte ich ihm von meiner Absicht, Griechenland zu besuchen. Dann lehnte ich mich zurück und trank die Musik seiner wohlklingenden Worte in mich hinein, die für mich immer wie aus der Orgel eines Meeres zu kommen schien.

In diesen letzten wenigen Minuten brachte Cendrars es fertig, mir eine ganze Welt von Neuigkeiten mitzuteilen, und das mit derselben Wärme und Zärtlichkeit, die er in seinen Büchern ausstrahlt. Wie der feste Boden unter unseren Füßen waren auch seine Gedanken von einer Vielzahl verborgener Ströme unterspült. Ich ließ ihn dort in Hemdsärmeln sitzen und dachte nicht im Traum daran, daß Jahre verstreichen würden, bevor ich wieder von ihm hören sollte, dachte nicht im Traum daran, daß es vielleicht mein letzter Blick war, der da auf Paris fiel.

Ich hatte alles, was je von Cendrars übersetzt war, vor meiner Ankunft in Frankreich gelesen. Das heißt, fast nichts. In seiner eigenen Sprache bekam ich meinen ersten Eindruck von ihm, als es mit meinem Französisch noch nicht weit her war. Ich fing an mit *Moravagine,* einem Buch, das für jemanden, der nur wenig Französisch versteht, keinesfalls leicht zu lesen ist. Ich las es langsam, mit einem Wörterbuch daneben, von einem Café zum anderen ziehend. Es war im Café de la Liberté, an der Ecke Rue de la Gaieté und Boulevard Edgar Quinet, wo ich damit begann. Ich erinnere mich noch gut an den Tag. Sollte Cendrars je diese Zeilen lesen, mag er erfreut, vielleicht gerührt sein, wenn er erfährt, daß es in diesem dreckigen Loch war, wo ich sein Buch zum erstenmal aufschlug. *Moravagine* war wahrscheinlich das zweite oder dritte Buch, das ich versucht hatte, auf Französisch zu lesen. Erst kürzlich, nach einer Unterbrechung von etwa 18 Jahren, las ich es wieder. Wie groß war meine Überraschung, als ich entdeckte, daß sich ganze Abschnitte in mein Gedächtnis eingegraben hatten! Und ich hatte gedacht, mein Französisch sei gleich Null gewesen! Hier ist einer der Abschnitte, an den ich mich so deutlich erinnere wie an dem Tag, da ich ihn zum erstenmal las. Er beginnt auf Seite 77 (Éditions Grasset, 1926).

> Ich erzähle dir von Dingen, die am Anfang einige Erleichterung brachten. Da war auch das Wasser, das von Zeit zu Zeit in den Rohren des Wasserklosetts gurgelte ... Eine grenzenlose Verzweiflung packte mich.

(Sagt dir das irgend etwas, mein lieber Cendrars?)

Sofort fallen mir zwei weitere Abschnitte ein, die sich mir noch tiefer eingeprägt haben, und zwar aus *Une Nuit dans la Forêt*[1], das ich etwa drei Jahre später gelesen habe. Ich zitiere sie nicht, um mit meinem Gedächtnis zu prahlen, sondern um auf eine Seite von Cendrars hinzuweisen, von deren Vorhandensein seine englischen und amerikanischen Leser wahrscheinlich nichts ahnen.

1. Ich, der freieste Mann, den es gibt, räume ein, daß stets etwas da ist, das einen bindet: daß es Freiheit, Unabhängigkeit nicht gibt, und ich verachte zutiefst meine Hilflosigkeit, und zur gleichen Zeit genieße ich sie.

2. Mehr und mehr erkenne ich, daß ich immer das kontemplative Leben geführt habe. Ich bin so etwas wie ein umgekehrter Brahmane, der über sich selbst meditiert inmitten des Wirrwarrs, der mit all seiner Kraft sich zur Selbstzucht anhält und das Dasein verachtet. Oder der Schattenboxer, der wütend und zugleich besonnen ins Leere schlägt, um in Form zu bleiben. Welche Virtuosität, welche Technik, welche Ausgewogenheit, die Leichtigkeit, mit der er im Tempo zulegt! *Später muß man lernen, Strafe mit gleichmütiger Gelassenheit hinzunehmen.* Ich, ich weiß, wie man Strafe hinnimmt, und mit heiterer Ruhe befruchte ich und mit heiterer Ruhe zerstöre ich mich: kurz, bin in der Welt tätig, nicht so sehr, um Freude zu haben, als um anderen Freude zu bereiten (es sind die Reflexe der anderen, die mir Freude bereiten, nicht meine eige-

[1] Éditions du Verseau, Lausanne, 1929.

nen). Nur eine Seele voller Verzweiflung kann überhaupt Heiterkeit erwerben, und um verzweifelt zu sein, muß man ein gut Teil geliebt haben und *die Welt noch immer lieben*[1].

Diese zwei Abschnitte sind wahrscheinlich schon viele Male zitiert worden und werden ohne Zweifel im Laufe der Zeit noch viele Male zitiert werden. Es sind einprägsame Stellen und für den Autor typisch. Wer nur *Gold, Panama* und *Prosa vom Transsibirienexpress* kennt, so etwa das einzige, was der amerikanische Leser zu sehen bekommt, mag sich in der Tat beim Lesen der vorausgegangenen Stellen fragen, warum dieser Mann nicht vollständiger übersetzt worden ist. Lange bevor ich versuchte, Cendrars der amerikanischen Öffentlichkeit besser bekannt zu machen (und der Welt überhaupt, kann ich getrost hinzufügen), hatte John Dos Passos *Panama oder Die Abenteuer meiner sieben Onkel* übersetzt und mit Wasserfarben illustriert[2].

Das erste jedoch, was man von Cendrars wissen sollte, ist, daß er aus vielen Schichten besteht. Er ist auch ein Mensch von vielen Büchern, vielen Arten von Büchern, und damit meine ich nicht »gute« und »schlechte«, sondern Bücher, so unterschiedlich, daß man den Eindruck hat, er entwickle sich in alle Richtungen zugleich. Ein wahrhaft gereifter Mensch. Gewiß auch ein gereifter Schriftsteller.

Sein Leben selbst liest sich wie die *Märchen aus*

[1] Von mir kursiv.

[2] Siehe Kapitel 12, »Der Homer des Trans-Sibirien-Expreß«, Orient-Expreß; Jonathan Cape & Harrison Smith, New York 1922.

1001 Nacht. Und dieser Mensch, der ein überdimensionales Leben geführt hat, ist daneben ein Bücherwurm. Der gierigste Mensch und doch ein Einsiedler. *(»O mes solitudes!«)* Ein Mensch tiefer Intuition und unbesiegbarer Logik. Der Logik des Lebens. Das LEBEN in erster und vorderster Linie. Leben stets groß geschrieben. Das ist Cendrars.

Seinem Lebensweg zu folgen, von der Zeit an, da er aus dem Haus seiner Eltern in Neufchâtel davonlief, als ein Junge von fünfzehn oder sechzehn Jahren, bis zu den Tagen der Besetzung, als er sich in Aix-en-Provence verborgen hält und sich eine lange Periode des Schweigens auferlegt, ist etwas, das einen schwindeln läßt. Die Reiseroute seiner Wanderungen ist schwerer zu verfolgen als die Marco Polos, dessen Bahn er, durch Zufall, einige Male gekreuzt zu haben scheint. Einer der Gründe für die große Faszination, die er auf mich ausübt, ist die Ähnlichkeit zwischen seinen Reisen und Abenteuern und denen, die ich in meiner Erinnerung mit Sindbad der Seefahrer oder Aladin und die Wunderlampe verbinde. Die erstaunlichen Erfahrungen, die er den Gestalten in seinen Büchern beigibt und die er oft — und oft auch nicht — mit ihnen teilte, enthalten die Eigenschaften und die Glaubwürdigkeit einer Legende. In der Anbetung des Lebens und der Wahrheit des Lebens kommt er der Wurzel des gemeinsamen Ursprungs für Wort und Tat näher als irgendein anderer Autor in unserer Zeit. Er führt dem heutigen Leben wieder die Elemente des Heroischen, des Phantastischen und des Fabulösen zu. Seine Abenteuer haben ihn fast in alle Gebiete unserer Welt geführt, besonders in jene, die als gefährlich und unzugänglich gelten. (Man muß sein frühes Leben lesen, um besonders die Wahrheit dieser Feststellung zu begreifen.) Er hat mit allen Arten von Menschen verkehrt, mit Banditen, Mördern, Revolutionären und anderen Spielarten des Fanatikers. Er hat sich, nach seinen eigenen Worten, in nicht weniger als sechsunddreißig Metiers versucht, aber, wie Balzac, vermittelt er den Eindruck, als kenne er jedes Metier. Er war zum Beispiel früher einmal Zauberkünstler — auf der Bühne der englischen Music-Hall —, zur selben Zeit, als Chaplin dort debütierte; er war Perlen-Kaufmann und Schmuggler; er war Plantagenbesitzer in Südamerika, wo er dreimal hintereinander ein Vermögen verdiente und noch schneller wieder verlor, als er es erworben hatte. Aber lesen Sie sein Leben! Es enthält mehr, als das Auge fassen kann.

Ja, er ist ein Entdecker und Erforscher aller Wege und Taten der Menschen. Und er hat sich dazu gemacht, indem er sich mitten im Leben aufgepflanzt hat, indem er sein Los zusammen mit seinen Mitgeschöpfen auf sich nahm. Was für ein großartiger, unverdrossener Reporter er ist, dieser Mann, der den Gedanken von sich weisen würde, wollte man ihn einen »Scholaren des Lebens« nennen. Er hat die Fähigkeit, an »seine Geschichte« mittels Osmose zu kommen; er scheint nichts vorsätzlich zu suchen. Das ist zweifellos der Grund, warum in seine eigene Geschichte stets die anderer Menschen hineingewoben ist. Eins ist sicher, er versteht sich auf die Kunst des Destillierens, aber lebhaft interessiert ihn die alchimistische Natur aller Beziehungen. Dieses ewige Su-

Mutter von Blaise Cendrars, geborene Marie-Louise Dorner
Bürgerin von Küsnacht bei Zürich.

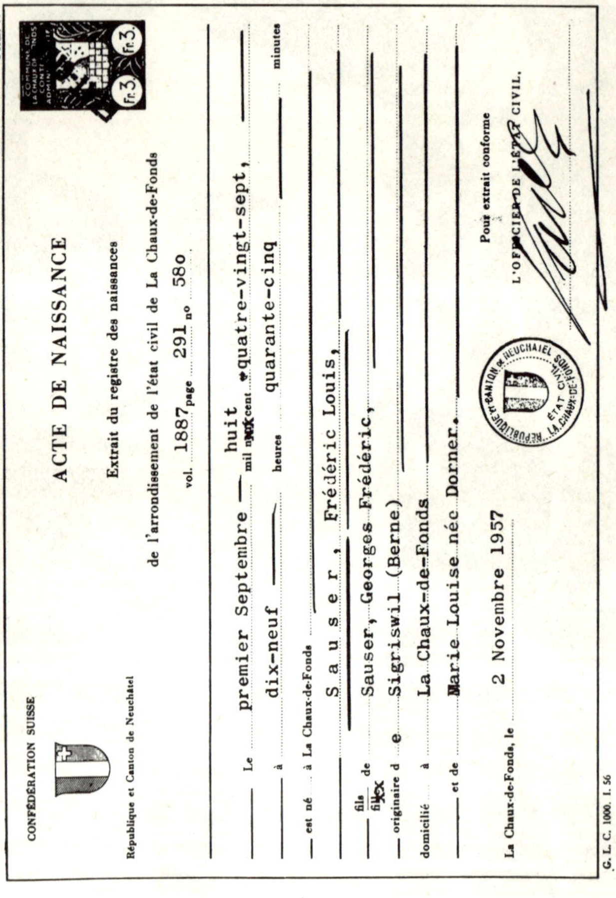

Form. 11

CONFÉDÉRATION SUISSE

République et Canton de Neuchâtel

ACTE DE NAISSANCE

Extrait du registre des naissances

de l'arrondissement de l'état civil de La Chaux-de-Fonds

vol. 1887 page 291 no 580

Le premier Septembre — mil huit cent quatre-vingt-sept,

à dix-neuf heures quarante-cinq minutes

est né à La Chaux-de-Fonds

Sauser, Frédéric Louis,

fils de Sauser, Georges Frédéric,

originaire de Sigriswil (Berne)

domicilié à La Chaux-de-Fonds

et de Marie Louise née Dorner.

La Chaux-de-Fonds, le 2 Novembre 1957

Pour extrait conforme

L'OFFICIER DE L'ÉTAT CIVIL

G. L. C. 1000. I. 56

Geburtsschein Blaise Cendrars'.

1896, Blaise als Schüler in der Scuola Internazionale in Neapel

chen nach dem Wandelbaren versetzt ihn in die Lage, die Menschen vor sich selbst und vor der Welt zu entblößen; es läßt ihn die Tugenden der Menschen preisen, uns mit ihren Fehlern und Schwächen aussöhnen; es steigert unsere Einsicht und Ehrfurcht vor dem, was im wesentlichen menschlich ist, und vertieft unsere Liebe und unser Verständnis für die Welt. Er ist der »Reporter« par excellence, weil sich in ihm die Fähigkeiten des Dichters mit denen des Sehers und Propheten verbinden. Ein Erneuerer und Initiator, immer der erste, der Zeugnis ablegt, hat er uns die wirklichen Pioniere, die wirklichen Abenteurer, die wirklichen Entdecker unter unseren Zeitgenossen bekannt gemacht. Mehr als irgendein anderer Schriftsteller, den ich kenne, hat er uns das *»le bel aujourd'hui«* teuer gemacht.

Während er auf allen Bühnen des Lebens auftrat, fand er doch noch immer die Zeit, zu lesen. Auf langen Reisen, in den Tiefen des Amazonas, in den Wüsten (ich kann mir vorstellen, daß er sie alle kennt, die der Erde, die des Geistes), im Dschungel, auf den weiten Pampas, in Zügen, auf Seelenverkäufern und Ozeanriesen, in den großen Museen und Bibliotheken Europas, Asiens und Afrikas hat er sich in Bücher vergraben, hat ganze Archive durchstöbert, hat seltene Dokumente fotografiert, und nach allem, was ich weiß, mag er unschätzbare Bücher gestohlen haben, Manuskripte, Dokumente aller Art — warum auch nicht, bedenkt man seinen riesigen Hunger nach dem Seltenen, dem Sonderbaren, dem Verbotenen?

Er hat uns in einem seiner letzten Bücher berichtet, wie die Deutschen *(les Boches!)* seine kostbare Bi-

901 in der Ecole de commerce, Neuchâtel.

bliothek zerstörten oder wegschleppten, ich vergaß, was von beidem — kostbar für einen Mann wie Cendrars, der es liebt, die genauen Daten zu nennen, wenn er auf eine Stelle aus seinen Lieblingsbüchern anspielt. Gott sei Dank, sein Gedächtnis ist lebhaft und funktioniert wie eine zuverlässige Maschine. Ein unglaubliches Gedächtnis, wie alle die bezeugen werden, die seine letzten Bücher — *La Main Coupée, L'Homme Foudroyé, Bourlinguer, Le Lotissement du Ciel, La Banlieue de Paris* — gelesen haben.

Nebenbei — bei Cendrars scheint beinahe alles von Bedeutung »nebenbei« entstanden zu sein — hat er die Werke anderer Schriftsteller übersetzt, bemerkenswerterweise den portugiesischen Autor Ferreira de Castro (Forêt Vierge) und unseren Al Jennings, den großen Geächteten und Busenfreund von O. Henry.[1] Was für eine herrliche Übersetzung ist *Hors la Loi!*, das im Englischen den Titel *Through the Shadows with O. Henry* trägt. Es ist so etwas wie eine geheime Zusammenarbeit zwischen Cendrars und Al Jennings' innerstem Wesen. Zur Zeit der Übersetzung hatte Cendrars Jennings weder persönlich gekannt noch mit ihm korrespondiert. (Ein weiteres Buch, wie ich im Vorbeigehen sagen muß, das unsere Taschenbuch-Verleger übersehen haben. In ihm steckt ein Vermögen, ich müßte denn gänzlich naiv sein, und es wäre tröstlich zu wissen, daß ein Teil dieses Vermögens seinen Weg in Al Jennings' Taschen finden sollte.)

Mit am faszinierendsten an Cendrars' Temperament

[1] Cendrars hat auch Al Capones Autobiographie übersetzt.

ist seine Fähigkeit und Bereitschaft, mit einem zweiten Künstler zusammenzuarbeiten. Man stelle sich ihn vor, kurz nach dem Ersten Weltkrieg, als Herausgeber der Folgen von *La Sirène!* Was für eine Fundgrube! Ihm verdanken wir eine Ausgabe des *Les Chants de Maldoror,* die erste, die seit der ursprünglich privaten Veröffentlichung durch den Autor im Jahre 1868 erschien. In allem ein Neuerer, immer gewissenhaft, rücksichtslos und genau in seinen Anforderungen; was immer von Cendrars herausgegeben wurde, es ist heute wertvolles Sammlerobjekt. Hand in Hand mit seiner Fähigkeit zur Zusammenarbeit geht eine andere Eigenschaft — die Fähigkeit oder Gnade, die ersten Schritte zu tun. Ob es ein Verbrecher ist, ein Heiliger, ein Mann von Genie, ein vielversprechender Anfänger, Cendrars ist der erste, der ihn ausfindig macht, der erste, der ihn einführt, der erste, der ihm so hilft, wie es der Betreffende am nötigsten hat. Ich spreche hier mit entschuldbarer Wärme. Kein Schriftsteller schenkte mir mehr auszeichnende Beachtung als der gute Blaise Cendrars, der kurz nach dem Erscheinen des *Tropic of Cancer* eines Tages an meine Tür klopfte und die Hand zur Freundschaft ausstreckte. Auch kann ich die erste behutsame, ausführliche Besprechung des Buches nicht vergessen, die kurz darauf unter seinem Namen in *Orbes* erschien. (Oder vielleicht war es auch, *bevor* er in meinem Arbeitszimmer in der Villa Seurat auftauchte.)

Es gab Zeiten, da ich beim Lesen von Cendrars — und das ist etwas, was mir selten passiert — das Buch hinlegte, um meine Hände vor Freude oder Verzweiflung, vor Schmerz oder Raserei zu ringen. Cendrars hat mich auf meinem Wege immer wieder angehalten, genauso unversöhnlich wie ein Revolverheld, der einem den Lauf ins Kreuz preßt. O ja, ich werde oft durch Begeisterung davongetragen, wenn ich das Werk eines Menschen lese. Aber ich spiele jetzt auf etwas anderes als Begeisterung an. Ich spreche von einer Empfindung, in der alle Gefühle verschmolzen und verwickelt sind. Ich spreche von K.-o.-Schlägen. Cendrars hat mich k. o. geschlagen. Nicht einmal, sondern viele Male. Und ich bin alles andere als ein Clown, wenn es darum geht, das Kinn hinzuhalten. Ja, *mon cher Cendrars,* du hast nicht nur *mich* angehalten, du hast die Uhr angehalten. Ich habe Tage gebraucht, Wochen, manchmal Monate, um mich von diesen Runden mit dir zu erholen: Noch Jahre später kann ich meine Hand auf die Stelle legen, an der mich der Schlag traf, und ich fühle den alten Schmerz. Du hast mich verbleut und zerbeult; du hast mich mit Narben bedeckt, betäubt, von Schlägen benommen zurückgelassen. Das eigenartige ist, je besser ich dich kenne — durch deine Bücher —, desto empfänglicher werde ich. Es ist, als ob du das Geheimzeichen über mich gemacht hast. Ich komme mit vorgestrecktem Kinn auf dich zu — »um es einzustecken«. *Ich bin dein Fleisch,* wie ich so oft gesagt habe. Und weil ich glaube, daß ich damit nicht allein stehe, weil ich anderen die Freude an dieser ungewöhnlichen Erfahrung gönne, fahre ich fort, für dich mein geringes Wort einzulegen, wann immer, wo immer ich kann.

Ich sagte unvorsichtigerweise: »je besser ich dich kenne«. Mein lieber Cendrars, ich werde dich nie kennen, nicht wie ich andere Menschen kenne, davon bin ich überzeugt. Einerlei, wie gründlich du dich offenbarst, ich werde dir niemals auf den Grund kommen. Ich bezweifle, daß das irgendeinem gelingen wird, und es ist nicht Eitelkeit, die mich veranlaßt, es so darzustellen. Du bist unergründlich wie ein Buddha. Du inspirierst, du offenbarst, aber du gibst dich nie ganz weg. Nicht, daß du dich zurückhältst! Nein, wenn man auf dich stößt, ob persönlich oder im geschriebenen Wort, vermittelst du den Eindruck, als habest du alles gegeben, was zu geben ist. Wirklich, du bist einer der wenigen Menschen, die ich kenne, die in ihren Büchern wie auch im Leben das »Außergewöhnliche« geben, was uns alles bedeutet. Du gibst, was gegeben werden kann. Es ist nicht deine Schuld, daß dein wahrer Kern ein Eindringen verbietet. Es ist das Gesetz deines Seins. Ohne Zweifel gibt es Menschen, die weniger neugierig, weniger ausgreifend, weniger zupackend sind, denen diese Hinweise nichts bedeuten. Aber du hast unser Empfindungsvermögen so verfeinert, unser Bewußtsein so ausgeweitet, unsere Liebe zu Mann und Frau, zu Büchern, zur Natur, zu 1001 Dingen des Lebens, die nur eine deiner endlosen Beschreibungen registrieren konnte, so vertieft, daß du in uns den Wunsch erweckst, dich von innen nach außen zu kehren. Wenn ich dich lese oder zu dir spreche, bin ich mir immer deines dauernd wachen Bewußtseins bewußt: du sitzt nicht einfach auf einem Stuhl in einem Zimmer in einer Stadt in einem Land und erzählst uns, was du im Sinn oder auf dem Herzen hast, du bringst den Stuhl dazu zu sprechen, das Zimmer dazu, mit der Unruhe in der Stadt zu erzittern, deren Leben erhalten wird durch den unsichtbaren äußeren Zustrom einer ganzen Nation, deren Geschichte deine Geschichte geworden ist, deren Leben dein Leben und deines ihres ist, und während du sprichst oder schreibst, treten alle diese Elemente, Bilder, Tatsachen, Schöpfungen in deine Gedanken und Gefühle und formen ein Netz, das die Spinne in dir unaufhörlich knüpft und das sich in uns, deinen Zuhörern, ausbreitet, bis die ganze Schöpfung einbezogen ist und wir, du, sie, es, alle Identität verloren und eine neue Bedeutung gefunden haben, neues Leben ...

Bevor ich jedoch weiterschreibe: es gibt zwei Bücher von Cendrars, die ich gern allen empfehlen würde, denen daran gelegen ist, mehr über diesen Mann zu erfahren.

Beide tragen den Titel *Blaise Cendrars*.

Eins ist von Jacques-Henry Levèsque (Éditions de la Nouvelle Critique, Paris, 1947), das andere von Louis Parrot (Éditions Pierre Seghers, Paris, 1948), das auf dem Totenbett des Autors beendet wurde. Beide enthalten Bibliographien, Auszüge aus Cendrars' Werken und eine Anzahl von Fotografien, aufgenommen zu verschiedenen Zeiten seines Lebens. Wer nicht Französisch kann, mag einen überraschenden Eindruck von dieser rätselhaften Persönlichkeit allein schon durch die Fotografien gewinnen. (Es ist erstaunlich, welche Würze und Buntheit französische Verleger ihren Veröffentlichungen durch das Einfügen alter Fotografien zukommen lassen. Seghers ist in dieser Hinsicht besonders unternehmungsfreudig. In seiner Serie kleiner Quadrat-Bücher, genannt *Po-*

1907 an der medizinischen Fakultät in Bern

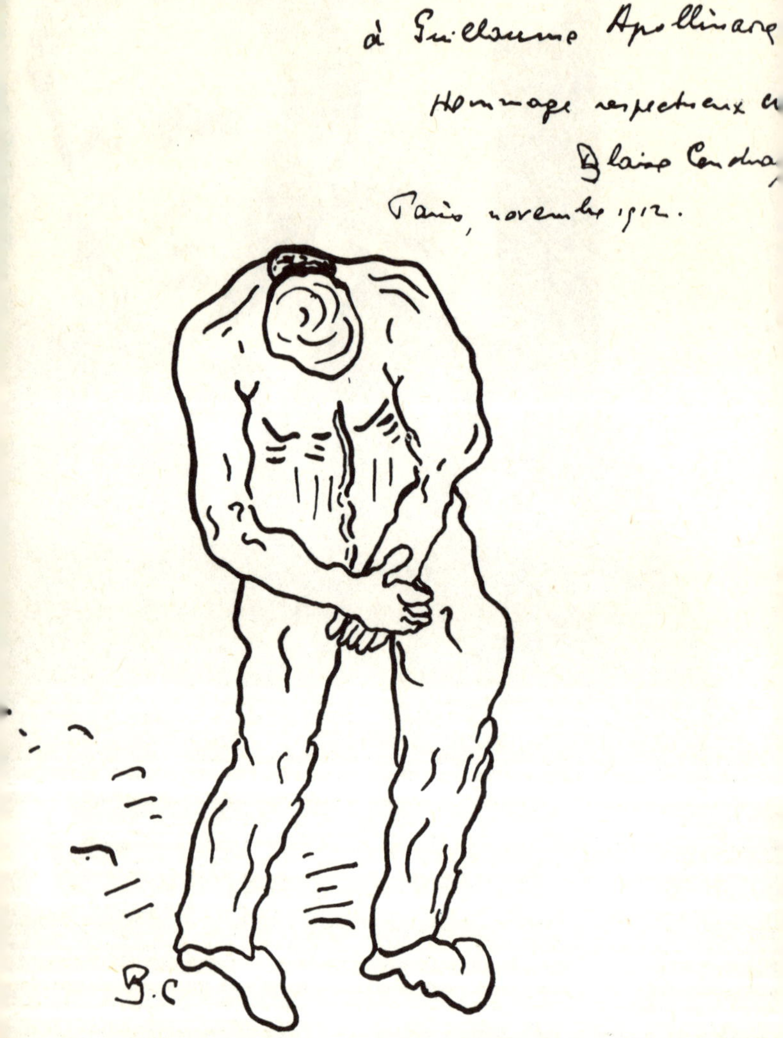

1912: eine Zeichnung von Blaise Cendrars, die er Apollinaire gewidmet hat.

ètes d'Aujourd'hui[1], hat er uns eine lebensnahe Galerie zeitgenössischer und beinahe zeitgenössischer Persönlichkeiten gegeben.)

Ja, man kann eine Menge über Cendrars erfahren, vor allem durch das Studium seiner Physiognomie. Er ist wahrscheinlich häufiger als irgendein anderer zeitgenössischer Schriftsteller fotografiert worden. Dazu haben zahlreiche berühmte Künstler, einschließlich Modigliani, Apollinaire und Léger, Skizzen und Porträts von ihm angefertigt. Blättern Sie die beiden Bücher durch, die ich gerade erwähnte — Levèsques und Parrots, sehen Sie sich diese »gueule«, die Cendrars der Welt in tausend verschiedenen Stimmungen gezeigt hat, gut an. Einige stimmen zum Weinen; einige sind geradezu verwirrend. Da gibt es ein Foto von ihm in Uniform, das während der Zeit der Fremdenlegion aufgenommen ist, als er Korporal war. Seine linke Hand, die eine Kippe hält, mit der er sich die Finger verbrennt, ragt unter dem Cape hervor; es ist eine so ausdrucksvolle Hand, so ungemein sprechend, daß sie die Geschichte seines fehlenden Arms jedem, der sie nicht kennt, unmißverständlich verraten wird. Es ist diese kraftvolle und empfindsame linke Hand, mit der er die meisten seiner Bücher geschrieben, seinen Namen unter ungezählte Briefe und Postkarten gesetzt, sich rasiert, sich gewaschen, seinen schnellen Alfa-Romeo durch die gefährlichsten Gegenden gelenkt hat; es ist diese linke Hand, die ihm seine Bahn durch die Dschungel gehauen, ihm seinen Weg durch Schlägereien geboxt, ihn geschützt,

[1] In den USA vertrieben von New Directions.

1915 als Legionär, nach der Amputation des Arme

die auf Menschen und wilde Tiere geschossen, seinen *copains* auf den Rücken geklopft hat, mit einem warmen Händedruck einen lange verlorengewesenen Freund begrüßt und die Frauen und Tiere, die er liebte, gestreichelt hat. Da ist ein anderes Foto von ihm, aufgenommen 1921, als er mit Abel Gance an dem Film mit dem Titel *La Roue* arbeitete, die ewige Zigarette klebt an der Lippe, ein Zahn fehlt, eine riesige karierte Mütze mit einem enormen Schild hängt auf einem Ohr. Der Ausdruck auf seinem Gesicht könnte von Dostojewskij stammen. Auf der gegenüberliegenden Seite ist ein Foto, das 1924, als er an *L'Or* (Gold) arbeitete, von Raymone aufgenommen worden ist. Hier steht er breitbeinig, seine linke Hand in die Tasche seiner ausgebeulten Hose gesteckt, eine *mégot* zwischen den Lippen, wie immer. Auf diesem Foto sieht er aus wie ein gesunder, aufgeweckter, junger Bauer slawischer Herkunft. Ein spöttisches Funkeln ist in seinen Augen, eine Art offener, gutmütiger Trotz. »Scheiß doch was, Jack, mir geht's gut ... *und dir?«* Das ist's, was er ausdrückt, sein Blick. Ein anderes, zusammen mit Levèsque in Tremblay-sur-Maulne, 1926 aufgenommen, zeigt ihn deutlich in der Blüte seines Lebens. Hier scheint er körperlich auf einem Höhepunkt zu sein; er strahlt Gesundheit, Freude, Vitalität aus. Aus dem Jahre 1928 haben wir ein Foto, das tausendfach reproduziert worden ist. Es zeigt Cendrars in der südamerikanischen Zeit, gut in Form, fast geschniegelt, gut gekleidet, seine Nase ragt unter einem hübschen schmiegsamen Filzhut hervor, dessen weiche Krempe hochgeschlagen ist. Ein stechender, in die Ferne gerichteter Blick ist in seinen Augen, als sei er gerade aus der Antarktis zurückgekehrt. (Ich glaube, das war zu der Zeit, da er *Dan Yack,* wovon die erste Hälfte *[Le Plan de l'Aiguille]* erst kürzlich in der Übersetzung eines englischen Verlegers erschienen ist, schrieb oder gerade abgeschlossen hatte.[1]) Aber es ist das Jahr 1944, in das wir mit *le vieux Lègionnaire* einen Blick werfen — ein Foto von Chardon, Cavaillon. Hier erinnert er an Victor McLaglen in der Titelrolle von *The Informer.* Es ist die Zeit von *L'Homme Foudroyé,* für mich eines seiner bedeutendsten Bücher. Hier ist er der voll gereifte Mann dieser Erde, der aus vielen reichen Schichten zusammengesetzt ist — aus Handlanger, Tramp, Penner, Bettler, Barmixer, Preisboxer, Abenteurer, Seemann, Soldat, Kraftprotz, der Mann von 1001 harten, bitteren Erfahrungen, der nie unterging, sondern reifte, reifte, reifte. *Un homme quoi!* Da sind zwei Fotos, aufgenommen 1946, in Aix-en-Provence, die ihn uns in zarten, rührenden Bildern zeigen. Eins, auf dem er gegen einen Zaun lehnt, präsentiert ihn umgeben von lauter Knirpsen aus der Nachbarschaft: er bringt ihnen ein paar Taschenspielertricks bei. Das andere hat ihn auf dem Spaziergang durch eine alte, schattige Straße mit reizvollen Winkeln festgehalten. Sein Blick ist versonnen, wenn nicht *triste.* Es ist eine schöne Fotografie, voll von der Atmosphäre Südfrankreichs. Man folgt ihm in seiner nachdenklichen Stimmung, zum Schweigen gebracht von den ungreifbaren Gedanken, die ihn einhüllen ... Ich zwinge

[1] Titel: Antarctic Fugue; Pushkin Press, London, 1948.

mich, die Zügel anzuziehen. Ich könnte mich immer weiter über die »physiognomischen« Aspekte dieses Mannes auslassen. Es ist ein Gesicht, das man niemals vergessen kann. Es ist menschlich, das ist es. Menschlich wie chinesische Gesichter, wie ägyptische, kretische, etruskische.

Zahlreich sind die Einwände, die wider diesen Schriftsteller vorgebracht worden sind . . ., daß seine Bücher dem Stile nach filmisch seien, daß sie sensationell seien, daß er übertreibe und *à outrance* verfälsche, daß er weitschweifig und wortreich sei, daß ihm jedes Gefühl für Form fehle, daß er zu sehr Realist sei oder daß er zu unglaubhaft erzähle, und so endlos immer weiter. Alles in allem liegt natürlich ein Körnchen Wahrheit in diesen Anschuldigungen, aber wir wollen festhalten — *nur ein Körnchen!* Sie spiegeln die Auffassung der bezahlten Kritiker, der Akademiker, der verhinderten Romanciers wider. Aber angenommen, wir akzeptierten sie für einen Augenblick als äußere Größe. Sind sie hieb- und stichfest? Nehmen wir diese Film-Technik zum Beispiel. Nun, leben wir nicht im Zeitalter des Kinos? Ist der gegenwärtige Abschnitt der Geschichte nicht phantastischer, »unglaubhafter« als sein Abbild, das vor unseren Augen auf der Leinwand vorüberflimmert? Was die Sensationen angeht, haben wir Gilles de Rais, den Marquis de Sade, die Memoiren Casanovas vergessen? Was seine Hyperbolik anlangt, wie steht es mit Pindar? Zu seiner Weitschweifigkeit und Wortfülle, was ist mit Jules Romains oder Marcel Proust? Zum Punkte Übertreibungen und Entstellungen, was ist mit Rabelais, Swift, Céline, um ein ganz ausgefallenes

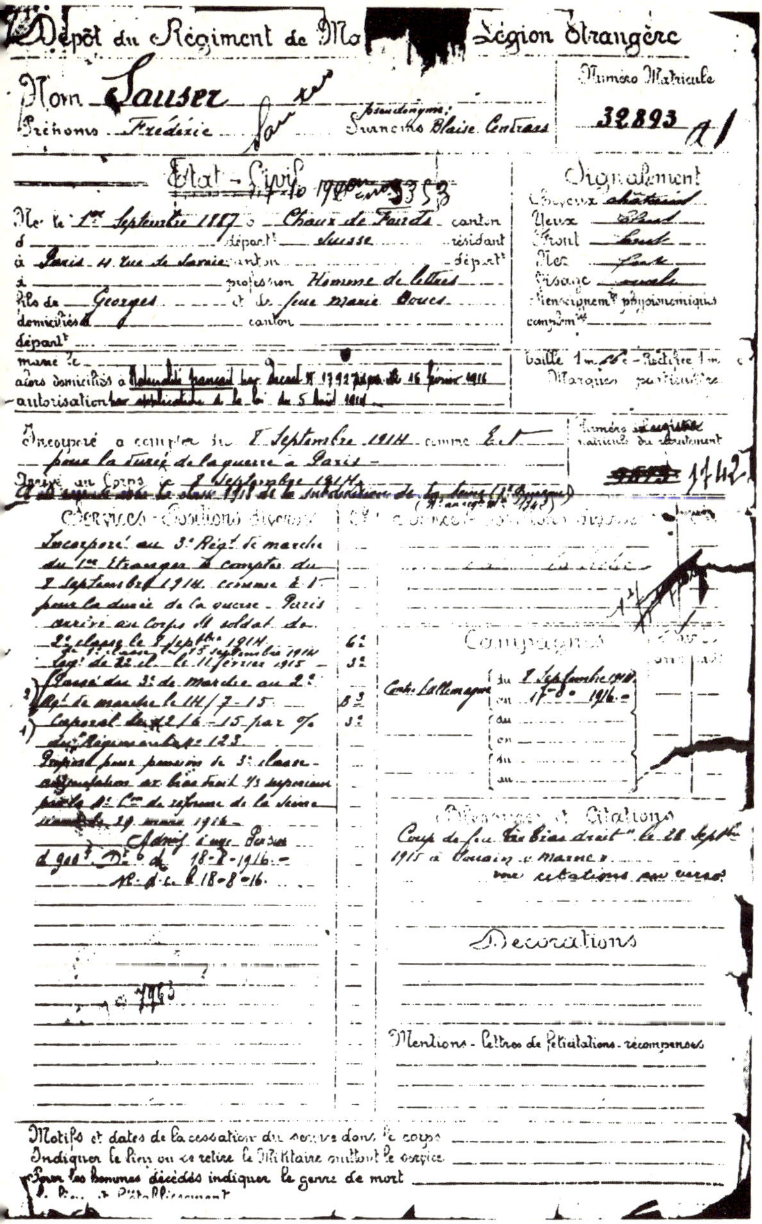
Dépôt du Régiment de Mo [illegible] Légion Étrangère

Nom Sauser
Prénoms Frédéric
pseudonyme: Blaise Cendrars
Numéro Matricule 32893

État-Civil

Né le 1er Septembre 1887 à Chaux de Fonds canton
départ! Suisse résidant
à Paris 11 rue de Savoie canton départ!
profession Homme de lettres
Fils de Georges et de feue Marie Dorner
domiciliés à canton
départ!
marié le
alors domiciliés à
autorisation

Signalement
Cheveux châtains
Yeux bleus
Front
Nez
Visage
Renseignem! physionomiques complém!
Taille 1 m
Marques particulières

Incorporé à compter du 2 Septembre 1914 comme E.V. pour la durée de la guerre à Paris
Arrivé au Corps le 2 Septembre 1914

Numéro matricule du recrutement 1742

Services – Positions diverses

Incorporé au 3e Régt de marche du 1er Étranger à compter du 2 septembre 1914 comme E.V. pour la durée de la guerre – Paris
arrivé au Corps et soldat de 2e classe le 2 septbre 1914.
Passé du 3e de marche au 2e Rgt de marche le 14/7-15
Caporal le 2/6-15

Campagnes
Contre l'Allemagne du 2 Septembre 1914 au 17-8-1916

Blessures et Citations
Coup de feu bras droit le 28 septbre 1915 à Souain, Marne
une citation au verso

Décorations

Mentions – Lettres de félicitations – récompenses

Motifs et dates de la cessation du service dans le corps
Indiquer le lieu où se retire le Militaire quittant le service
Pour les hommes décédés indiquer le genre de mort

Die Militärpapiere Blaise Cendrars'.

Dreigestirn zu erwähnen? Was den Mangel an Form betrifft, dieser ewige Esel, der mit seinen Hufen in allen Spalten der literarischen Kritik um sich schlägt — als ob ich nicht gehört hätte, wie kultivierte Europäer hochtrabend von den »Wuchergebilden« an Hindu-Tempeln sprachen, deren Fassaden besät sind mit einem Aufruhr menschlicher, tierischer und sonstiger Formen? Habe ich sie nicht vor Abscheu beim Betrachten des üppigen Blühens in Gestalt tibetanischer Pergamentrollen die Lippen verziehen sehen? Kein Geschmack, wie? Kein Gefühl für Proportionen? Keine Maßstäbe? *C'est ça. De la mesure avant tout!* Diese kultivierten Wichte vergessen, daß ihre Lieblingsexemplare, die Griechen, mit zyklopischen Blökken arbeiteten, Monstrosität neben Apotheosen von Harmonie, Würde, Form und Geist schufen; sie vergessen vielleicht, daß die zykladische Skulptur Griechenlands an Abstraktion und Vereinfachung alles übertrifft, was Brancusi oder seine Nachfolger je unternommen haben. Die ganze Mythologie dieser Anbeter der Schönheit, deren Devise »Nichts ins Extreme« war, ist eine Offenbarung der »monströsen« Seite ihres Seins.

Oui, Cendrars ist voller Auswüchse. Da gibt es Abschnitte, die aus dem Leib seines Textes herauswuchern wie üppige Geschwülste. Da gibt es Abwege, Einschübe, Nebengeleise, die das embryonale Rükkenmark und die Grundsubstanz für weitere Bücher abgeben. In seinen Büchern finden wir reiches Blühen und Vergehen, und ebenso großzügige Materialverschwendung. Cendrars stibitzt nie, er beschränkt sich nicht, noch schreibt er sich völlig leer.

JUSTIFICATION DU TIRAGE

EXEMPLAIRE N° 986

à mon cher ami t'Serstevens
ce petit livre
des jeux anciens qui
m'ont terriblement amusé
Blaise Cendrars

Noël 1916.

Censuré à 16 heures le 11 Décembre 1916, 861e jour de guerre, au Bureau de la Presse du Ministère de la Guerre. Contrôle : 178.

IL A ÉTÉ TIRÉ DE CET OUVRAGE :

6 exemplaires sur Vieux Chine, numérotés de 1 à 6 et trois exemplaires d'Auteur marqués A.

44 exemplaires sur Papier d'Arches à la Cuve, numérotés de 7 à 50 et six exemplaires d'Auteur marqués A. B.

950 exemplaires sur Hollande vergé, numérotés à la presse de 51 à 1000.

CETTE ÉDITION NE SERA PAS RÉIMPRIMÉE

Deux exemplaires sur Hollande vergé, numérotés OO et OOO, tirés avec les planches rayées, sont déposés à la Bibliothèque Nationale.

Copyright-Seite von Cendrars' «La Guerre au Luxembourg», 1916. Mit einer Widmung von Cendrars und einer Zeichnung von Kisling.

1919, Blaise Cendrars, gezeichnet von Fernand Léger.

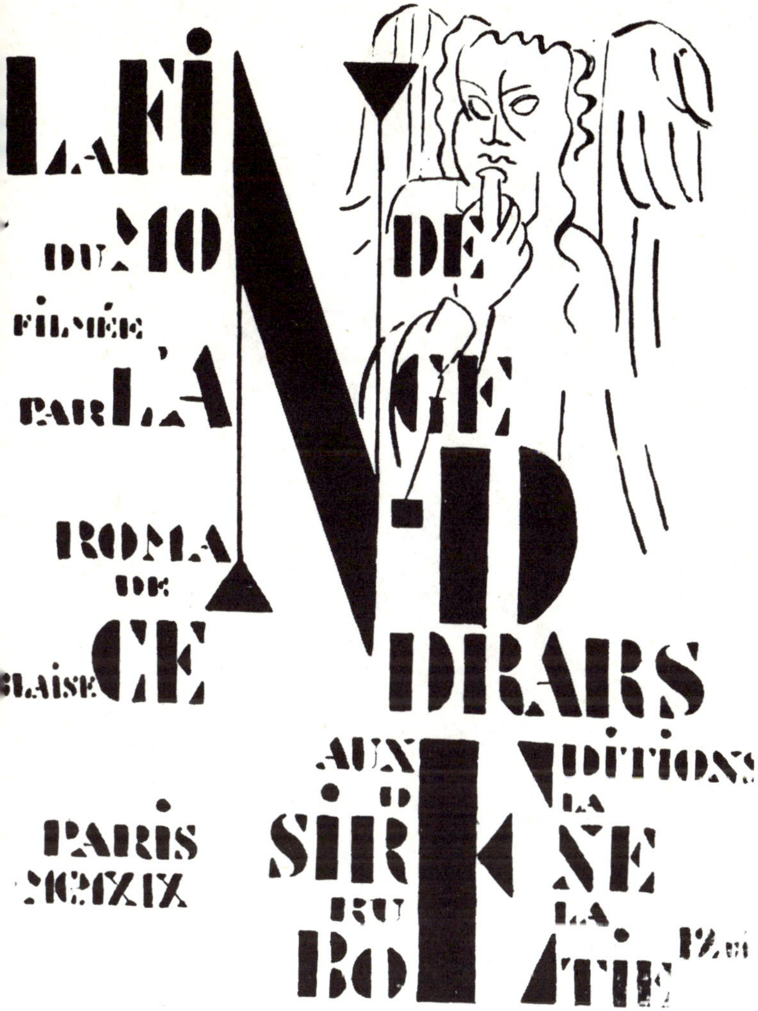

Umschlagentwurf von Fernand Léger für das Buch Cendrars' «La Fin du monde filmée par l'Ange Notre-Dame», 1919.

Cendrars, gezeichnet von Picabia.

Wenn der Augenblick gekommen ist loszulegen, legt er los. Wenn es angebracht und wirkungsvoll ist, sich kurz zu fassen, ist er kurz und pointiert – wie ein Dolch. Seine Bücher geben nach meinem Gefühl den Mangel an festen Gewohnheiten wider, oder besser noch, seine Fähigkeit, mit Gewohnheiten zu brechen. (Ein Zeichen echter Emanzipation!) In diesen aufgeschwollenen Abschnitten, die wie *une mer houleuse* sind und mit denen einige Leser offenbar nichts anzufangen wissen, kommt Cendrars' ozeanischer Geist zum Ausdruck. Wir, die wir uns mit dem Wahnsinn unseres guten Shakespeare brüsten, mit seinen elementaren Ausbrüchen, wir sollten diese kosmischen Windböen fürchten? Wir, die wir *Pantagruel* und *Gargantua,* via Urquhart, verdaut haben, wir sollten erschreckt sein von dem Katalog der Namen, Orte, Daten, Ereignisse? Wir, die wir den eigenartigsten Schriftsteller aller Sprachen hervorgebracht haben – Lewis Carroll –, wir sollten uns vor dem Spiel der Worte, vor dem Lächerlichen, dem Grotesken, dem Unaussprechlichen oder »gänzlich Unmöglichen« drücken? Um bei Atem zu bleiben wie Cendrars, wenn er anfängt, einen seiner dreiseitigen Abschnitte ohne Unterbrechung loszulassen – dazu ist ein Mann nötig. *Ein Mann?* Ein Tiefsee-Taucher. Ein Walfisch. Ein Walfisch von Mann, genau.

Bemerkenswert *ist,* daß dieser Mann uns auch einige der kürzesten Aussprüche geliefert hat, die je geschrieben wurden, besonders in seinen Gedichten und Prosa-Gedichten. Hier, im Staccato-Rhythmus – vergessen wir nicht, daß er Musiker war, bevor er Schriftsteller wurde! – konfrontiert er uns mit einem

Telegrammstil. (Man kann ihn auch »teleästhetisch« nennen.) Es liest sich ebenso schnell wie Chinesisch, mit dessen Schriftzeichen seine Worte eine sonderbare Verwandtschaft aufweisen, für meine Begriffe wenigstens. Diese spezielle Technik Cendrars' schafft eine Art von Exorzismus – eine Befreiung von dem schweren Gewicht der Prosa, von den Hindernissen der Grammatik und Syntax, von der illusorischen Verständlichkeit des bloß Mitteilbaren in der Sprache. In *L'Eubage* zum Beispiel entdecken wir sibyllinische Eigenschaften des Gedankens und Ausdrucks. Es ist eins seiner eigentümlichen Bücher. Ein Extrem. Gleichzeitig ein Abschied und ein Ende. Cendrars ist in der Tat schwer zu klassifizieren, obgleich ich nicht weiß, warum wir ihn überhaupt klassifizieren sollten. Manchmal denke ich an ihn als an »den Schriftsteller für Schriftsteller«, obwohl er das gewiß nicht ist. Aber was ich sagen will, ist, daß ein Schriftsteller viel von Cendrars lernen kann. Ich erinnere mich, daß wir in der Schule immer gezwungen wurden, uns Männer wie Macaulay, Coleridge, Ruskin oder Edmund Burke – sogar de Maupassant – als Vorbilder zu nehmen. Warum sie uns Shakespeare, Dante, Milton nicht nannten, weiß ich nicht. Ich wage zu behaupten, daß kein Professor glaubte, irgendeiner von uns Gören würde sich eines Tages als Schriftsteller entpuppen. Selber waren sie Versager, daher Lehrer. Cendrars hat uns klargemacht, daß der einzige Lehrer, das einzige Vorbild das Leben selbst ist. Was ein Schriftsteller von Cendrars lernt, ist, seiner Nase zu folgen, den Befehlen des Lebens zu gehorchen, keinen anderen Gott als das Leben anzubeten.

Einige Interpreten wollen es so verstehen, daß Cendrars das »gefährliche Leben« meint. Ich glaube nicht, daß Cendrars es so einengen würde. Er meint *das Leben*, rein und einfach, in allen seinen Aspekten, all seinen Verzweigungen, allen Nebenpfaden, Versuchungen, Zufällen und was sonst noch. Wenn er ein Abenteurer ist, dann ist er ein Abenteurer in allen Reichen des Lebens. Ihn interessiert *jede* Phase des Lebens. Die Gegenstände, die er berührt hat, die Themen, die er ausgeführt hat, sind enzyklopädisch. Ein weiteres Zeichen von »Emanzipation«, diese alles-einschließende Aufnahme der Myriaden von Manifestationen des Lebens. Oft, wenn er zum Beispiel ausgesprochen »realistisch« erscheint, bemüht er sich, alle Register seiner Orgel zu ziehen. Der Realist ist eine dürftige Seele. Er sieht nur, was vor ihm steht, wie ein Pferd mit Scheuklappen. Cendrars' Blick ist immer offen, es ist fast so, als hätte er ein weiteres Auge auf seinem Scheitel, eine Dachluke, die allen kosmischen Strahlen offen ist. Man kann überzeugt sein, daß ein solcher Mann sein Lebenswerk nie vollendet, weil das Leben ihm immer um einen Schritt voraus ist. Im übrigen kennt das Leben keine Vollendung, und Cendrars ist eins mit dem Leben. Ein Artikel von Pierre de Latil in *La Gazette de Lettres*, Paris, vom 6. August 1949, enthält den Hinweis, daß Cendrars ein Dutzend und mehr Bücher geplant hat, die er in den allernächsten Jahren schreiben will. Es ist ein erstaunliches Programm, wenn man bedenkt, daß Cendrars inzwischen über sechzig ist, daß er keinen Sekretär hat, daß er mit der linken Hand schreibt, daß er innerlich voller Unruhe ist, stets begierig, auf-

Programm der II. («Sturm»-)Soirée.

I

Tristan Tzara: Introduction.

Hans Heusser: «Prélude», «Mond über Wasser» (gespielt vom Komponisten).

F. T. Marinetti: «Die futuristische Literatur».

W. Kandinsky: «Fagott», «Käfig», «Blick und Blitz».

G. Apollinaire: «Rotsoge», «Le dos du Douanier».

Blaise Cendrars: «Crépitements».

Musique et Danse Nègre, exécutées par 5 personnes avec le concours de Mlles. Jeanne Rigaud et Maria Cantarelli. (Masques par M. Janco.)

II

H. S. Sulzberger: «Cortège et fête», exécuté par l'auteur.

Jacob van Hoddis: Verse, rezitiert von Emmy Hennings.

Herwart Walden: August Macke †, Franz Marc †, August Stramm †.

Hans Heusser: «Burlesques turques», «Festzug auf Capri» (gespielt vom Komponisten).

Albert Ehrenstein: Verse. Über Kokoschka.

III

«Sphinx und Strohmann»,

Kuriosum von Oscar Kokoschka.

Masken und Inszenierung: Marcel Janco.

Herr Firdusi	Hugo Ball
Herr Kautschukmann	W. Hartmann
Weibliche Seele, Anima	Emmy Hennings
Der Tod	F. Clauser

Dada-Programm vom 14. 4. 1917 in Zürich, in welchem Texte von Cendrars rezitiert wurden und Friedrich Glauser mitwirkte.

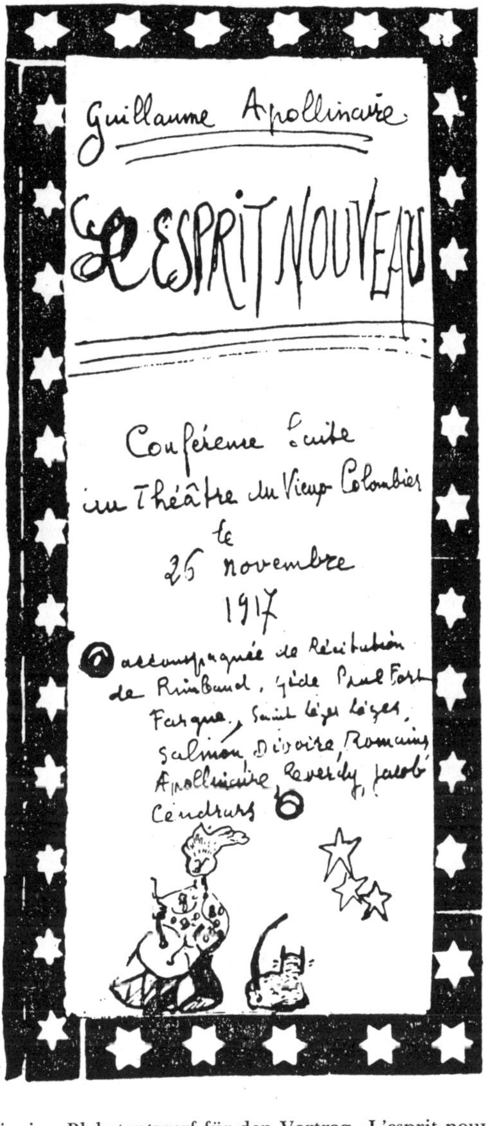

Apollinaires Plakatentwurf für den Vortrag «L'esprit nouveau» vom 25. 11. 1917, in welchem er Gedichte von Cendrars, Rimbaud u. a. als Beispiele rezitierte.

zubrechen und mehr von der Welt zu sehen, daß er eigentlich die Schriftstellerei verachtet und seine Werke als erzwungene Arbeiten betrachtet. Er arbeitet an vier oder fünf Büchern gleichzeitig. Er wird sie alle beenden, dessen bin ich sicher. Ich bete nur darum, noch zu leben, um die Trilogie des »*Les souvenirs humains*« lesen zu können, die den Titel trägt *Archives de ma tour d'ivoire*, sie wird bestehen aus: *Hommes de lettres, Hommes d'affaires* und *Vie des hommes obscurs*. Besonders das letztgenannte ...

Ich habe lange über die von Cendrars eingestandene Schlaflosigkeit nachgedacht. Wenn ich mich recht erinnere, führt er sie auf sein Leben im Schützengraben zurück. Zweifellos zu Recht, aber ich vermute, daß es hierfür tiefere Ursachen gibt. Worauf ich jedenfalls hinaus will, ist, daß zwischen seiner Fruchtbarkeit und seiner Schlaflosigkeit eine Beziehung zu bestehen scheint. Für einen gewöhnlichen Menschen ist der Schlaf *das* Stärkungsmittel. Ausnahmemenschen — Heilige, Gurus, Erfinder, Führer, Männer der Tat oder gewisse Arten von Geistesgestörten — kommen mit sehr wenig Schlaf aus. Sie verfügen offenbar über andere Mittel, um ihre Energiereserven wieder aufzufüllen. Manche Menschen können, nur durch einen Wechsel in der Art der Beschäftigung, ununterbrochen und nahezu ohne Schlaf arbeiten. Andere, wie der Yogi und der Guru, befreien sich im wesentlichen von dem Zwang des Schlafes, indem sie mehr und mehr bewußt und daher auch lebendiger werden. (Warum schlafen, wenn der Sinn des Lebens darin liegt, die Schöpfung in vollen Zügen zu genießen?) Bei Cendrars habe ich das Gefühl, daß er sich durch

Cendrars, porträtiert von Modigliani (1918).

den Wechsel vom »tätigen Leben« zum Schreiben und umgekehrt neu auflädt. Eine reine Vermutung meinerseits. Sonst wüßte ich nicht, wie sich ein Mann erklären ließe, der die Kerze von beiden Enden her abbrennt, ohne sich selbst aufzuzehren. Cendrars erwähnt irgendwo, daß er von einer Reihe langlebiger Vorfahren abstammt. Gewiß hat er sein väterliches Erbe königlich vergeudet. *Aber* — es zeigt sich an ihm nicht die Spur eines Zusammenbruchs. Vielmehr, er scheint in eine zweite Jugend eingetreten zu sein. Voller Zuversicht erwartet er — hat er erst das reife Alter von siebzig Jahren erreicht — gerüstet zu sein, um sich auf neue Abenteuer einzulassen. Es würde mich nicht im geringsten überraschen, wenn das wirklich einträfe; ich sehe ihn vor mir, wie er mit neunzig im Himalaja umherklettert oder in die erste Rakete steigt, die zum Mond fliegt.

Um aber auf die Beziehung zwischen seiner Schriftstellerei und seiner Schlaflosigkeit zurückzukommen ... Wenn man die Daten am Ende seiner Bücher, die Rechenschaft von der Zeit ablegen, die er über ihnen verbracht hat, näher betrachtet, ist man verblüfft von der Schnelligkeit, mit der er sie ausgeführt hat, wie auch von dem kurzen Abstand, in dem sie (alles umfangreiche Bücher) einander folgen. All dies setzt für meine Begriffe eins voraus, und das ist »Besessenheit«. Um zu schreiben, muß man besessen und versessen sein. Was ist es, wovon Cendrars besessen, worauf er versessen ist? *Leben*. Er ist ein Mann, der in das Leben verliebt ist — *et c'est tout*. Einerlei, ob er seine Zeit schmäht oder die Künstler unter seinen Zeitgenossen verletzt, einerlei, ob er seine eigene jüngste Vergangenheit mit der Gegenwart vergleicht und feststellt, daß diese zu wünschen übrigläßt, einerlei, ob er sich über die Richtungen, die Tendenzen, die Philosophien und das Verhalten der Menschen unserer Epoche beklagt — er ist dennoch der Mann unserer Zeit, der die Tatsache, daß das *Heute* tief und schön ist, laut verkündet und hinaustrompetet hat. Und das gerade deshalb, weil er mitten im zeitgenössischen Leben vor Anker gegangen ist, von wo er, wie von einer Kommandobrücke, das ganze Leben überblickt, Vergangenheit, Gegenwart und Zukunft, das Leben im Kleinen wie das Leben im Großen, so daß ich ihn als ein glänzendes Beispiel des richtigen Grundsatzes, der richtigen Haltung dem Leben gegenüber begreife. Keiner kann sich mehr in den Glanz der Vergangenheit hineinversenken als Cendrars; niemand kann die Zukunft mit größerer Leidenschaft begrüßen; aber es ist die Gegenwart, die ewige Gegenwart, die er verherrlicht und mit der er sich verbündet. Solche Männer, und *nur* solche Männer sind es, die in der Tradition stehen, die sie fortsetzen. Die anderen sind Halsverdreher, Götzendiener oder bloße Gespenster der Hoffnungslosigkeit, *bonimenteurs*. Bei Cendrars stößt man auf Erz. Und weil er die Gegenwart so gründlich versteht, billigt und eins mit ihr ist, vermag er die Zukunft so unfehlbar vorauszusagen. Nicht etwa, daß er sich als Wahrsager aufspielt! Nein, seine prophetischen Äußerungen fallen beiläufig und versteckt: oft sind sie in einem Irrgarten ohne Bezug auf das übrige vergraben. Hierin erinnert er mich oft an einen guten Arzt. Er weiß, wie man den Puls fühlt. Er kennt tatsächlich alle Pulsschläge, wie die chinesischen Ärzte des Altertums. Wenn er von gewissen Menschen behauptet, daß sie krank, oder von gewissen Künstlern, daß sie verderbt oder Schwindler seien, oder allgemein von Politikern, daß sie verrückt, oder von Militärs, daß sie Verbrecher seien, weiß er, wovon er spricht. Es ist der Magister in ihm, der da redet.

Er hat jedoch noch eine andere Art zu sprechen, die mir mehr zusagt. Er kann voller Zärtlichkeit sprechen. Lawrence dachte, wie man sich erinnern wird, dem Buch, das als *Lady Chatterley's Lover* berühmt ist, ursprünglich den Titel »Tenderness« zu geben. Ich erwähne Lawrence deshalb, weil ich mich lebhaft an Cendrars' Anspielung auf ihn erinnere, die er bei Gelegenheit seines denkwürdigen Besuches in der Villa Seurat machte. »Sie müssen eine ganze Menge von Lawrence halten«, sagte er fragend. »So ist es«, erwiderte ich. Wir tauschten ein paar Worte, und dann entsinne ich mich, wie er mich offen und ehrlich fragte, ob ich nicht dächte, Lawrence würde überschätzt. Es war die metaphysische Seite an Lawrence, die er nicht mochte, die ihm »suspekt« war, vermute ich. (Und es war gerade zu der Zeit, da ich von dieser speziellen Seite an Lawrence in Atem gehalten wurde!) Ich bin jedenfalls überzeugt, daß meine Verteidigung von Lawrence schwach und unhaltbar war. Um ehrlich zu sein, mich interessierte weit mehr, Cendrars' Meinung über den Mann zu hören, als meine eigene zu rechtfertigen. Später kam mir oft beim Lesen von Cendrars dieses Wort »Zärtlichkeit« über die Lippen. Es entschlüpfte unbeabsichtigt, erweckte mich aus meiner Träumerei. Obgleich so etwas völlig sinnlos

1924 nach der Rückkehr aus Brasilie

ist, versank ich jedesmal in eine endlose Grübelei, wobei ich Lawrences Zärtlichkeit mit der von Cendrars verglich. Sie unterscheiden sich, so denke ich heute, beide deutlich voneinander. Lawrences Schwäche ist der Mensch, Cendrars' die Menschen. Lawrence sehnte sich danach, die Menschen besser kennenzulernen; er wollte mit ihnen zusammen arbeiten. In der *Apocalypse* bringt er ungemein bewegende Abschnitte über die Verkümmerung des »gesellschaftlichen« Instinkts. Sie erwecken wirklich Befürchtungen in uns — für Lawrence. Sie lassen uns die Qual verstehen, die er bei dem Versuch litt, »ein Mensch unter Menschen« zu sein. Bei Cendrars entdecke ich keinen Hinweis auf eine derartige Entfremdung oder Verstümmelung. Cendrars schwimmt in dem Ozean der Menschheit so munter wie ein Tümmler oder Delphin. In seinen Erzählungen ist er immer mit Menschen zusammen, einmal mit denen der Tat, einmal mit denen des Gedankens. Wenn er auch ein Einsiedler ist, so bleibt er nichtsdestoweniger voll und ganz ein Mensch. Er ist dazu der Bruder aller Menschen. Niemals erhöht er sich über einen Mitmenschen. Lawrence fühlte sich überlegen, oft, oft — ich glaube, das läßt sich nicht leugnen —, und sehr oft war er alles andere als das. Sehr oft ist es ein geringerer, der ihm »Instruktionen« gibt. Oder ihn beschämt. Lawrences Liebe zur »Menschheit« war zu groß, als daß er seinen Nächsten hätte verstehen oder mit ihm auskommen können.

Erst wenn wir an ihre beziehungsreichen Romangestalten geraten, spüren wir die Kluft zwischen den beiden Persönlichkeiten. Mit der Ausnahme der

Blaise Cendrars, als der Roman «Gold» erschien (1925).

Selbstporträts, die er in *Sons and Lovers, Kangaroo, Aaron's Rod* und ähnlichen Büchern liefert, sind alle Figuren Lawrences ein Sprachrohr für seine Philosophie oder die Philosophie, die er absetzen möchte. Es sind erdachte Geschöpfe, die wie Schachfiguren hin und her bewegt werden. In ihnen fließt zwar richtiges Blut, aber es ist das Blut, das Lawrence in sie hineingepumpt hat. Cendrars' Gestalten kommen aus dem Leben, und ihre Lebendigkeit ist ein Teil von dem bewegten Wirbel des Lebens. Natürlich machen auch sie uns mit seiner Philosophie vom Leben bekannt, aber indirekt, in der elliptischen Weise der Kunst.

Die Zärtlichkeit tritt Cendrars aus allen Poren. Er schont seine Gestalten nicht; noch beschimpft oder straft er sie. Seine gröbsten Ausdrücke, darf ich das beiläufig sagen, sind gewöhnlich für die Dichter und Künstler reserviert, deren Werk er als unecht empfindet. Von diesen Schärfen einmal abgesehen, wird man ihn kaum dabei ertappen, daß er Steine auf andere wirft. Man ertappt ihn höchstens dabei, daß er Schwächen und Fehler seiner Personen bloßlegt und deren zutiefst heroische Natur ans Licht bringt oder wenigstens versucht, sie ans Licht zu bringen. All die mannigfaltigen Charaktere — menschliche, allzu menschliche —, die seine Bücher bevölkern, werden im Grunde, im Innersten ihres Seins verherrlicht. Sie mögen im Angesicht des Todes heroisch gewesen sein oder nicht; sie mögen vor den Schranken der Gerechtigkeit heroisch gewesen sein oder nicht; aber sie *sind* heroisch in dem gemeinsamen Kampf, in dem es gilt, ihr eigenes ursprüngliches Sein zu behaupten und zu erhalten. Ich erwähnte vorher das

Buch von Al Jennings, das Cendrars so begabt übersetzt hat. Die Wahl gerade dieses Buches bekräftigt mein Argument. Dieser Wurm von einem Menschen, dieser Paria mit einem übermäßigen Gefühl für Gerechtigkeit und Ehre, der »sein Leben verwirkt hat« (aber schließlich von Theodore Roosevelt begnadigt wird), dieser Schrecken des Westens, der vor Zärtlichkeit überströmt, er ist gerade der Mensch, den Cendrars wählen, von dem er der Welt erzählen mußte, gerade der Mensch, den er billigen mußte, da er von der Würde des Lebens erfüllt war. Ah, wie gern wäre ich dabeigewesen, als Cendrars ihn schließlich aufgabelte, ausgerechnet in Hollywood! Cendrars hat über seine »kurze Begegnung« geschrieben, und ich selbst hörte davon aus Al Jennings' eigenem Mund, als ich ihn vor einigen Jahren zufällig traf — in einer Buchhandlung, wieder ausgerechnet in Hollywood.

In den Büchern, die seit der Besetzung entstanden sind, hat Cendrars viel über den Krieg zu sagen — den Ersten Weltkrieg natürlich, nicht nur, weil er nicht so unmenschlich war, sondern weil der weitere Verlauf seines Lebens, möchte ich sagen, durch ihn entschieden wurde. Er hat auch über den Zweiten Weltkrieg geschrieben, besonders über den Fall von Paris und die unglaubliche Fluchtwelle, die ihm vorausging. Aufrüttelnde Seiten, voller Anklänge an die Offenbarung des Johannes. Innerhalb der Kriegsliteratur nur Saint-Exupérys *Flug nach Arras* an die Seite zu stellen. (Siehe den Teil seines Buches *Le Lotissement du Ciel,* der zuerst in der Revue *Le Cheval de Troie* unter dem Titel: *Un Nouveau Patron pour l'Aviation* erschien.[1] In all diesen letzten Büchern öffnet Cendrars sein Inneres immer mehr. So durchdringend, so nackt sind diese Einblicke, die er uns zu nehmen erlaubt, daß man instinktiv zurückprallt. So bestimmt, flink und geschickt sind diese Enthüllungen, daß man das Gefühl hat, einem Geldschrankknacker bei der Arbeit zuzusehen. In diesen Blitzen wird der ganze Schwarm von Gefährten sichtbar, deren Leben mit dem seinen verwoben ist. Bloßgestellt durch das unheimliche Scheinwerferlicht seines zyklopischen Auges werden sie aus dem ewigen Strom herausgegriffen und von allen Seiten beleuchtet. Hier gibt es so etwas wie »Vollendung«. Nichts wird um des Erzählerischen willen ausgelassen oder verändert. In diesen Büchern wird das »Erzählerische« ausgeschritten, erweitert, die Träger und Strebepfeiler weggewuchtet, damit das Buch ein Teil des Lebens werden, mit den Strömen des Lebens schwimmen und für immer mit dem Leben identisch bleiben kann. Hier wird greifbar, welche Menschen Cendrars wirklich liebt, die Männer, neben denen er im Schützengraben kämpfte und die er wie Ratten zermalmt werden sah, die Zigeuner der Vorstädte, mit denen er in den guten alten Tagen zusammen war, die Viehhüter und anderen Existenzen vom südamerikanischen Schauplatz, die Lastträger, Conciergen, Händler, Lastwagenfahrer und »Menschen ohne Wert« (wie wir sagen), und gerade diese behandelt er mit größter Sympathie und Zuneigung. Was für eine Galerie von »Typen«. Dies ist die wirkliche

[1] Éditions Denoël, Paris, 1949.

Menschliche Komödie. Keine soziologischen Studien *à la* Zola. Keine satirische Marionetten-Schau à la Thackeray. Kein Pan-Humanismus à la Jules Romains. Allerdings ohne die Absicht und Ausrichtung des großen Russen, aber vielleicht mit einer anderen Absicht, die wir später verstehen werden, auf jeden Fall mit dem gleichen Humor, mit gleicher Schwingungsbreite, Kraft, Zärtlichkeit und religiöser — ja: religiöser — Inbrunst gibt uns Cendrars hier in den letztgenannten Büchern das französische Gegenstück zu den Ausbrüchen Dostojewskijs in solchen Werken wie *Der Idiot, Die Dämonen, Die Brüder Karamasow.* Ein Werk, das nur in den reifen Jahren der Mitte des Lebens ermessen, verstanden werden kann. Alles, was jetzt ans Licht gelangt, ist tausendmal durchdacht worden. Wieder und wieder hat Cendrars die vielgestaltige Geschichte seines Lebens zurückgedrängt — wohin? in welchen tiefen Brunnen? Diese schwere, geschmolzene Masse der Erfahrung, roh und gefiltert, fein und ungehobelt, verdaut und vorverdaut, die in seinen Eingeweiden wie ein erstarrter, gestaltloser Dinosaurier gelegen hat, der träge mit seinen rudimentären Flügeln schlägt, diese Ladung, dafür bestimmt, schließlich im richtigen Zeitpunkt und am richtigen Ort gelöscht zu werden, bedarf eines Anstoßes durch Dynamit, um freigesetzt zu werden. Von Juni 1940 bis zum 21. August 1943 schwieg Cendrars vor Kummer. *Il s'est tu! Chut! Motus!* Was ihn wieder anfangen ließ zu schreiben, war ein Besuch seines Freundes Edouard Peisson, wie er auf den ersten Seiten von *L'Homme Foudroyé* berichtet. *En passant* ruft er eine gewisse Nacht des

1929, Cendrars mit seinem Alfa Romeo.

Alfa Romeo

Jahres 1915 an der Front ins Gedächtnis zurück – *»la plus terrible que j'ai vécue«*. Es gab vermutlich vor dem kritischen Besuch seines Freundes Peisson andere Gelegenheiten, die dazu hätten verhelfen können, die Ladung zur Detonation zu bringen. Aber vielleicht brannten bei diesen Gelegenheiten die Sicherungen zu schnell durch oder wurden feucht oder erstickten unter dem Gewicht der Weltereignisse. Aber lassen wir diese nutzlosen Spekulationen. Tauchen wir ein in Abschnitt 17 von *Un Nouveau Patron pour l'Aviation* . . .

Dieser kurze Absatz beginnt mit der Erinnerung an einen Ausspruch Rémy de Gourmonts: »Und es bedeutet einen großen Fortschritt, daß, wo vorher Frauen beteten, jetzt Kühe wiederkäuen . . .« In wenigen Zeilen folgt dies aus Cendrars' eigenem Mund:

> Mit dem 10. Mai stieg der Surrealismus auf die Erde herab: nicht die Werke absurder Dichter, die vorgeben, Surrealisten zu sein, und die im besten Falle Sou-Realisten sind, da sie das Unterbewußte predigen, aber das Werk von Christus, dem einzigen Dichter des Surrealen . . .
>
> Wenn ich je geglaubt hätte, wäre es an dem Tag gewesen, da Gnade mich berührte . . .

Es folgen zwei Abschnitte, die in turbulentem, gedrängtem Ungestüm von den nichts als abscheulichen Bedingungen des Krieges handeln. Wie Goya wiederholt er: *»J' ai vu«*. Der zweite Abschnitt endet so:

> Die Sonne war stehengeblieben. Der Wetterbericht kündigte einen Wirbelsturm an, der vierzig Tage dauern sollte. Das konnte nicht sein! Aus

Titel: FREITAG
Regen prasselt erbarmungslos und unaufhörlich auf das Gelände.
Titel: 28. JANUAR
Die Sintflut dauert weiter an.
Titel: 1848
Die Sintflut.
Suter sitzt arbeitend an einem alten Schreibtisch.
Der Regen prasselt hoffnungslos ans Fenster.
Hufschläge galoppierender Pferde sind durch den Regenguß hindurch zu hören.
Suter hebt den Kopf, steht auf und tritt mit dem Gewehr in der Hand ans Fenster.
Der Ton galoppierender Hufe kommt näher.
Die Tür wird aufgestoßen, und mit einer Regenbö stürzt ein vom Platzregen durchnäßter Mann in den Raum, wobei er zwei Stühle umwirft.
«Marschall!»
— schreit Suter und läuft auf ihn zu.
Marschall ist wahnsinnig erregt und außer Atem. Von seinem wilden Ritt erschöpft, kann er zunächst nicht sprechen.
Doch aus seinen abgerissenen und überstürzten Worten wird klar, daß seine Nachricht geheim ist — er deutet durch Zeichen an, man möge die Tür schließen.
Suter schließt die Tür.
Marschall gelingt es, ein Paket aus seiner Ta-

Aus dem Filmscenario «Suters Gold» von Serge Eisenstein, das der russische Regisseur 1930 nach dem Roman «Gold» von Cendrars für die Paramount entwarf.

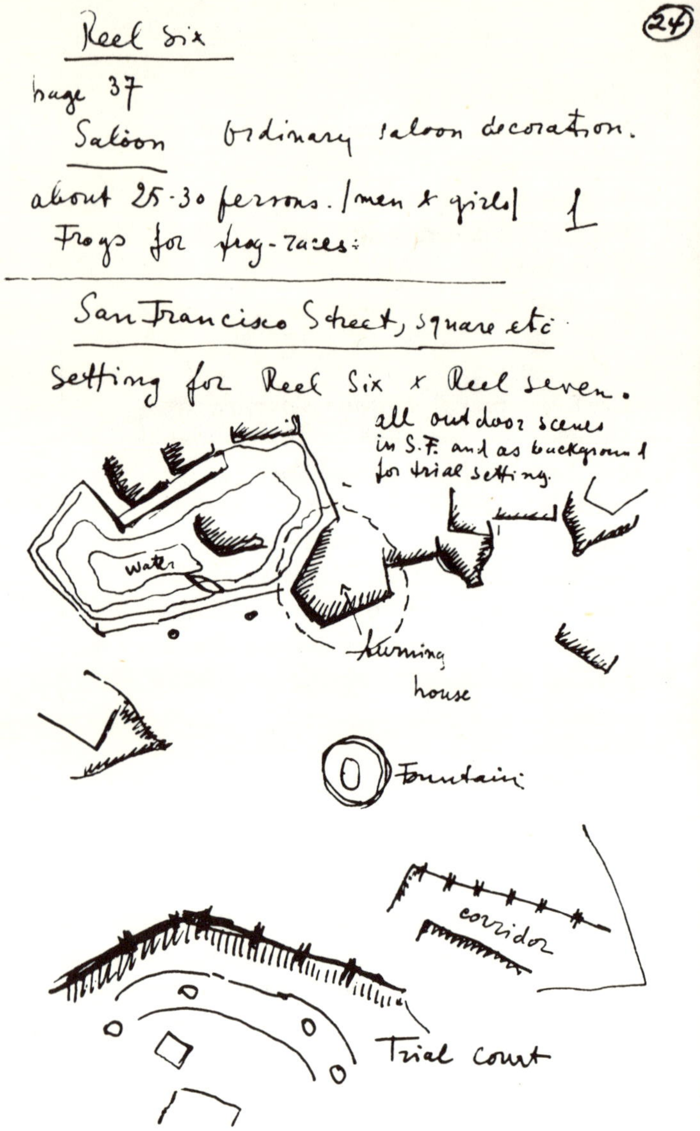

1930, Planskizze von Serge Eisenstein zum Drehbuchentwurf «Suters Gold».

1931, Cendrars in Hyères mit seinen beiden Söhnen aus erster Ehe.

diesem Grund ging alles schief: die Zahnräder der Gangschaltungen faßten nicht, die Maschinerie brach überall auseinander: der tote Punkt für alles.

Die nächsten fünf Zeilen werden mir immer im Gedächtnis bleiben:

> Nein, am 10. Mai war die Menschheit weit davon entfernt, für das Ereignis gewappnet zu sein. Gott! Oben, der Himmel war wie ein Hintern mit glänzenden Arschbacken und die Sonne ein entzündeter After. Was sonst als Scheiße konnte aus ihm herauskommen? Und der moderne Mensch schrie vor Angst . . .

Dieser Mann des 21. August 1943, der in alle Richtungen zugleich explodiert, hatte sich natürlich schon von einem Stapel Bücher befreit, nicht die unbedeutendsten darunter, wie wir wahrscheinlich eines Tages entdecken werden, sind die zehn Bände von *Notre Pain Quotidien*, die er mit Unterbrechungen über einen Zeitraum von zehn Jahren hinweg in einem Château außerhalb von Paris schrieb, deren Manuskripte er nie mit seinem Namen zeichnete, er vertraute die Schubladen, die das Material enthielten, verschiedenen Tresoren in verschiedenen Teilen Südamerikas an und warf dann die Schlüssel weg. (»*Je voudrais rester l'Anonyme*«, sagt er.)

In den Büchern, die in Aix-en-Provence begonnen wurden, finden sich umfangreiche Anmerkungen, die am Ende verschiedener Abschnitte stehen. Ich will nur eine zitieren, aus *Bourlinguer* (den Teil über Genua), die eine ewiggültige Huldigung an den Dichter enthält, der den französischen Literaten so viel bedeutet:

1931 mit der Schauspielerin Raymone in Tremblay, welche er 19
in seinem Heimatort Sigriswil (Berner Oberland) geheiratet hat.

Lieber Gérard de Nerval, Mensch der Menge, Nachtwandler, Jargoniker, unbußfertiger Träumer, neurasthenischer Liebhaber der kleinen Theater der Hauptstadt und der unermeßlichen Nekropolis des Ostens: Architekt von Salomos Tempel, Übersetzer des Faust, Privat-Sekretär der Königin von Saba, Drude der ersten und zweiten Klasse, sentimentaler Vagabund der Ile-de-France, letzter Sproß der Valois, Kind von Paris, Lippen von Gold, du hängtest dich im Schlund einer Kloake auf, nachdem du deine Gedichte zum Himmel emporgeschossen hattest; und nun schwebt dein Schatten für immer vor ihnen, immer größer und größer werdend, zwischen Notre-Dame und Saint-Fröhlichkeit, und deine glühenden Chimären durchrasen diesen Teil der Himmel wie sechs zerzauste und schreckeinflößende Kometen. Durch deinen Anruf des Neuen Geistes hast du für immer unser heutiges Fühlen durcheinandergebracht: und die Menschen heutzutage können ohne dieses Verlangen nicht mehr weiterleben: »Der Adler ist schon vorübergeflogen: der Neue Geist ruft mich . . .« (Horus, str. III. V. 9)

Auf Seite 244, in denselben Anmerkungen, stellt Cendrars folgendes fest: »Kürzlich wurde ich sechzig, und erst heute, während ich mich dem Schluß der vorliegenden Erzählung nähere, beginne ich an meine Berufung als Schriftsteller zu glauben . . .« Stopft das in eure Pfeifen und raucht es, ihr Burschen von fünfundzwanzig, dreißig und vierzig, die ihr fortwährend Bauchschmerzen habt, weil es euch noch nicht gelungen ist, euch einen Namen zu machen. Seid froh, daß ihr noch am Leben seid, noch euer Leben *lebt*, noch Erfahrungen speichert, noch die bitteren Früchte der Einsamkeit und Mißachtung genießt!

Ich wäre gern auf viele andere Abschnitte in diesen letzten Büchern eingegangen, die angefüllt sind mit höchst erstaunlichen Tatsachen, Vorfällen, literarischen und historischen Ereignissen, wissenschaftlichen und geheimnisvollen Andeutungen, Kuriosa der Literatur, bizarren Typen von Männern und Frauen, Festen, Sauftouren, spaßigen Eskapaden, zarten Idyllen, Anekdoten über entlegene Orte, Zeiten, Legenden, außerordentlichen Gesprächen mit außerordentlichen Menschen, Erinnerungen an goldene Tage, Burlesken, Phantastereien, Mythen, Erfindungen, Innenschau und Ausweidungen ... Ich hätte gern ausführlich von dem einzigartigen Autor und noch einzigartigeren Menschen Gustave Le Rouge gesprochen, dem Verfasser von dreihundertzwölf Büchern, von denen der Leser wahrscheinlich nie etwas gehört hat, von der Mannigfaltigkeit, der Natur, dem Stil und dem Inhalt all dessen, was Cendrars *con amore* so ausgiebig behandelt; gern hätte ich dem Leser eine kleine Geschmacksprobe von dem abschließenden Teil »Vendetta« aus *L'Homme Foudroyé* gegeben, der direkt aus dem Mund des Zigeuners Sawos stammt; ich hätte den Leser gern nach La Cornue, *chez* Paquita, gebracht oder in jenes herrliche Versteck, irgendwo im Süden Frankreichs, wo Cendrars, der gehofft hatte, dort das Buch in Frieden und Ruhe beenden zu können, sich den in die Schreibmaschine gespannten Bogen, nachdem er ein oder zwei Zeilen geschrieben hat, nie wieder ansieht, sondern sich dem

Horloge astrologique de Blaise Cendrars établie par Conrad Moricand

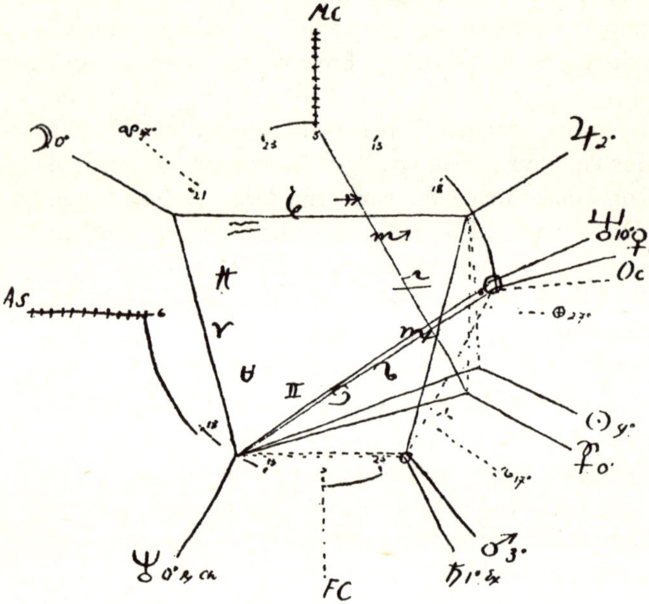

« Vie turbulente, nombreuse, extravagante, indépendance farouche, destinée en marge... Ce grand vivant est un isolé et ne respire que dans l'extrême agitation d'une vie intensive ou dans la solitude. » (Conrad Moricand.)

Cendrars' Horoskop von Conrad Moricand.

NÉ À NEUCHÂTEL (SUISSE), 46° LATITUDE NORD, LE 1er SEPTEMBRE 1887, À 7 H. 30 DU SOIR.

TEMPS SIDÉRAL: 18 h. 11 min. 20 sec.
ASCENDANT: 6° du Bélier.
SOLEIL: 9° de la Vierge.
LUNE: 0° des Poissons.

PLANÈTE RÉGNANTE: Neptune trigone Uranus, trigone Vénus, sextile Mars, sextile Saturne, carré Soleil, carré Lune, carré Mercure entre le Taureau et les Gémeaux, en IIe maison.

PLANÈTE EN EXIL: Saturne.

QUADRUPLICITÉS: Signes masculins: 4; signes féminins: 2; signes cardinaux: 2; signes fixes: 3; signes mutables: 1.

TRIPLICITÉS: Feu: 2; terre: 1; air: 2; eau: 1.

Cendrars' Horoskop von Conrad Moricand.

Vergnügen der Muße, der Träumerei und dem Trunk hingibt; gern hätte ich dem Leser zumindest eine Ahnung von jener haarsträubenden Geschichte von den homunculi vermittelt, die Cendrars in *Bourlinguer* ausführlich erzählt (in dem Teil, genannt »Gènes«), aber wenn ich in diese Extravaganzen eintauchen sollte, wäre ich nicht mehr in der Lage, mich selbst wieder zu befreien.

Ich werde statt dessen zu dem letzten Buch, das ich von Cendrars bekommen habe, hinüberspringen, es heißt *La Banlieue de Paris,* erschienen bei La Guilde du Livre, Lausanne. Es ist mit 130 Fotografien von Robert Doisneau versehen, lautere, bewegende, unbeschönigende Dokumente, die beredt den Text ergänzen. *De nouveau une belle collaboration. (Vive les Collaborateurs, les vrais!)* Der Text ist verhältnismäßig kurz — 50 große Seiten. Aber eindringliche Seiten, geschrieben *sur le vif.* (Vom 15. Juli bis zum 31. August 1949.) Wenn diese Seiten nichts Bemerkenswerteres enthielten als Cendrars' Beschreibung einer Nacht in Saint-Denis am Abend einer gescheiterten Revolution, dieser kurze Text wäre es wert, erhalten zu bleiben. Aber da gibt es noch andere Stellen, gleich düster und packend oder sehnsüchtig, ätzend, gesättigt mit Atmosphäre, gesättigt mit dem schäumenden Leben in den schmutzigen Vorgärten. Oft ist von Cendrars' reichem Wortschatz gesprochen worden, von der poetischen Eigenheit seiner Prosa, von seiner Fähigkeit, in seine rhapsodischen Passagen den monströsen Jargon und die Terminologie von Wissenschaft, Technik, Forschung aufzunehmen. Dieses Dokument, das eine Art retrospektiver Elegie ist, liefert ein hervorragendes Beispiel für seine Virtuosität. In seiner Erinnerung zieht er in die Vororte ein, von Osten, Süden, Norden und Westen, und wie mit einem Zauberstab bewaffnet, erweckt er das Drama aus Hoffnung, Sehnsucht, Scheitern, Ärger, Verzweiflung, Enttäuschung, Armut und Rachegelüst wieder zum Leben, das die Bewohner dieses breiten Gürtels verschlingt. In einem einzigen zusammengedrängten Absatz, der zweite in dem Teil mit der Überschrift *»Nord«*, gibt Cendrars eine graphische, plastische Zusammenfassung all dessen, woraus das gräßliche Vorortsmilieu besteht. Es ist der Blick eines Vogels auf die Verwüstungen, die der Industrie im Kielwasser gefolgt sind. Wenig später beschreibt er eingehend das Innere einer der Rüstungsfabriken Englands, »einer Flugzeug-Fabrik«, was im äußersten Kontrast zum Vorhergehenden steht. Es ist ein meisterhaftes Stück Reportage, in der die Kanone die Rolle eines Wachtpostens spielt. Aber während er sich mit der Fabrik beschäftigt, macht Cendrars uns klar, wo er steht. Es ist der Teil der Schöpfung, für den er keine Antenne hat. *»Mieux vaut être un vagabond«*, ist seine Devise. In ein paar gerafften Zeilen setzt er zum Gleitflug über dem ewig blutigen Kriegsgewinnlertum an, und mit einem Schrei des Entsetzens über das Hiroshima-»Experiment« schleudert er uns die schwankenden Gestalten aus dem Gemetzel des letzten Krieges vor die Füße, wie sie eine Schweizer Übersicht zu Nutz und Frommen derer, die den nächsten Karneval des Todes vorbereiten, statistisch geordnet hat. Sie, diese Gestalten, gehören dazu wie die schönen Arsenale dazugehören und die gräßliche *banlieue.* Und schließlich, denn er hat sie die ganze Zeit über im Sinn gehabt, fragt Cendrars: »Was wird mit den Kindern? Wer sind sie? Woher kommen sie? Wohin gehen sie?« Indem er uns noch einmal auf die Fotos von Robert Doisneau bringt, beschwört er die Gestalten von David und Goliath — um uns wissen zu lassen, was uns gerade von den Kleinen blühen kann.

Dieses Buch ist kein bloßes Dokument. Es ist etwas, das ich gern in Taschenbuch-Ausführung besäße, um es mit mir herumzutragen, sollte ich mich noch einmal auf die Wanderschaft begeben. Etwas, das einem die Fassung raubt ...

Es war auch mein Los, auf den Straßen dieser gottverruchten Reservate des Kummers und der Not herumzulungern, bei Nacht wie bei Tage, nicht nur hier in meinem eigenen Land, sondern auch in Europa. In ihrer Atmosphäre der Verlassenheit sind sie alle gleich. Jene, die die stolzesten Städte der Erde umsäumen, sind die schlimmsten. Sie stinken wie Schanker. Wenn ich auf meine Vergangenheit zurückblicke, kann ich kaum etwas anderes sehen, etwas anderes riechen als diese eitrigen, leeren Quartiere, diese Schuttabladeplätze, ein wahlloses Durcheinander aus Abfall und Kehricht, aus den verlassen daliegenden Maschinenteilen, Vasen und Pißpötten, weggeworfen von den mit Armut geschlagenen, hoffnungslosen, hilflosen Geschöpfen, die die Bevölkerung dieser Stadtteile ausmachen. In Augenblicken gehobener Stimmung habe ich mir meinen Weg mitten durch den Nepp und die Schlachthäuser dieser Viertel gebahnt und bei mir gedacht: Was für ein Gedicht! Was

1939 als Kiegsberichterstatter im englischen Hauptquarti

für ein Dokumentar-Film! Oft kam ich nur durch Fluchen und Zähneknirschen wieder zu mir, durch die Flucht in wilde, sinnlose Wutanfälle, durch die Vorstellung eines gütigen Diktators, der schließlich »Ordnung, Frieden und Gerechtigkeit« wiederherstellte. Wochen und Monate haben mich die Vorstellungen von solchen Experimenten verfolgt. Aber es gelang mir nie, eine passende Musik zu machen. (Und wenn ich bedenke, daß Erik Satie, dessen Domizil uns Robert Doisneau auf einem seiner Fotos zeigt, wenn ich bedenke, daß dieser Mann in einem verrückten Hause auch noch »Musik machte«, stehen mir die Haare zu Berge.) Nein, es ist mir nie gelungen, diese taube Materie in Musik zu verwandeln. Ich habe es ein paar Mal versucht, aber mein Geist ist noch zu jung, zu sehr von Widerwillen erfüllt. Mir fehlt jene Fähigkeit, zurückzuweichen, mich anzupassen, den Mörser mit dem Geschick eines Apothekers zu bedienen. Aber Cendrars *ist* es gelungen, und das ist der Grund, warum ich meinen Hut vor ihm ziehe. *Salut, cher* Blaise Cendrars! Du bist ein Musiker. Ich grüße dich! Und Ehre dir! Wir bedürfen der Dichter der Nacht und Verlassenheit genauso wie der anderen. Wir bedürfen der tröstenden Worte — und du gibst sie — wie auch die Säure ätzender Kritik. Wenn ich sage »wir«, meine ich uns alle. Wir haben ein unauslöschliches Verlangen nach einem Auge wie dem deinen, einem Auge, das verdammt, ohne ein Urteil zu fällen, einem Auge, das durch seinen unverhüllten Blick verwundet und zugleich heilt. Besonders in Amerika brauchen »wir« deine historische Ader, deinen weichen, nach rückwärts ausholenden

Schwung der Feder. Ja, wir brauchen vielleicht, was du uns anzubieten hast, mehr als alles andere. Die Geschichte ist über unsere narbenbedeckten *terrains vagues* im Galopp hinweggefegt. Sie hat uns ein paar Namen, ein paar absurde Denkmäler zurückgelassen – und ein wahres Chaos von Nepp. Die einzige Rasse, die hinter diesen Küsten hauste und die das Werk Gottes nicht schändete, das waren die Rothäute. Heute gehört ihnen die Wüste. Zu ihrem »Schutz« haben wir eine frömmelnde Abart des Konzentrationslagers geschaffen. Es hat keinen Stacheldraht, keine Folterwerkzeuge, keine bewaffneten Posten. Wir halten sie einfach da zurück, damit sie aussterben . . .

Aber ich kann nicht in dieser traurigen Tonart schließen, die nur die Kehrseite jenes geheimen Rumorens ist, das stets von neuem beginnt, wenn plötzlich die Vergangenheit zum Vorschein kommt. Da ist immer ein rückwärtiges Fenster frei in diesen verrückten Gehäusen, die unser Bewußtsein so zählebig bewohnt. Der Blick aus Saties Hoffenster ist von der Art, die ich meine. Wo immer sich in den Vorstädten eine Ansammlung ärmlicher Häuser befindet, leben die kleinen Leute, das Salz der Erde, wie wir sagen, denn ohne sie wären wir zum Verhungern verurteilt, ohne sie hätte die Brotrinde, die den Hunden hingeworfen wird und auf die wir uns wie die Wölfe stürzen, nur den Geschmack des Todes und der Vergeltung. Durch diese länglichen Fenster, aus denen das Bettzeug hängt, kann ich meine Pritsche in der Ecke stehen sehen, auf die ich mich für die Nacht warf, um auf wunderbare Weise beim nächsten Sonnenuntergang befreit zu werden, stets durch einen »niemand«, was heißt, von einem verkleideten Engel – wenn wir die menschliche Sprache wirklich verstehen. Was macht es schon, wenn man Kaffee trinkt, in den versehentlich ein Abtreibungsmittel geraten ist? Was macht es, wenn einem eine verirrte Küchenschabe an den zerfetzten Klamotten hängt? Wenn man das Leben durch das Hoffenster betrachtet, kann man in die eigene Vergangenheit sehen wie in einen ruhigen Spiegel, in dem die Tage der Verzweiflung mit den Tagen der Freude, den Tagen des Friedens und den Tagen tiefster Freundschaft verschmelzen. Das empfinde ich besonders, wenn ich in meinen *französischen* Hinterhof sehe. Dort treten all die bedeutungslosen Teilchen meines Lebens zu einem sinnvollen Muster zusammen. Ich sehe keine vergeudete Bewegung. Es ist alles so klar wie »The Cracow Poem« einem Schachteufel. Die Musik, die davon ausgeht, ist so einfach, wie es die Geigen von »Sweet Alice Ben Bolt« für meine kindlichen Ohren waren. Mehr noch, sie ist schön, denn wie Sir H. Rider Haggard in seiner Autobiographie sagt: »Die nackte Wahrheit ist immer schön, sogar wenn sie dem Bösen zum Ausdruck verhilft.«

Mein teurer Cendrars, du mußt manchmal gespürt haben, wie ich von einer Art Neid erfüllt war auf all das, was du erlebt, verdaut und verändert, verwandelt, verdichtet wieder ausgespien hast. Als Kind spieltest du am Grabe Vergils; kaum ein Jüngling, vagabundiertest du durch Europa, Rußland, Asien, um in irgendeinem vergessenen Hotel in Peking die Heizung zu schüren; als junger Mann, in den bluti-

1945, Cendrars nach der Befreiung Frankreichs

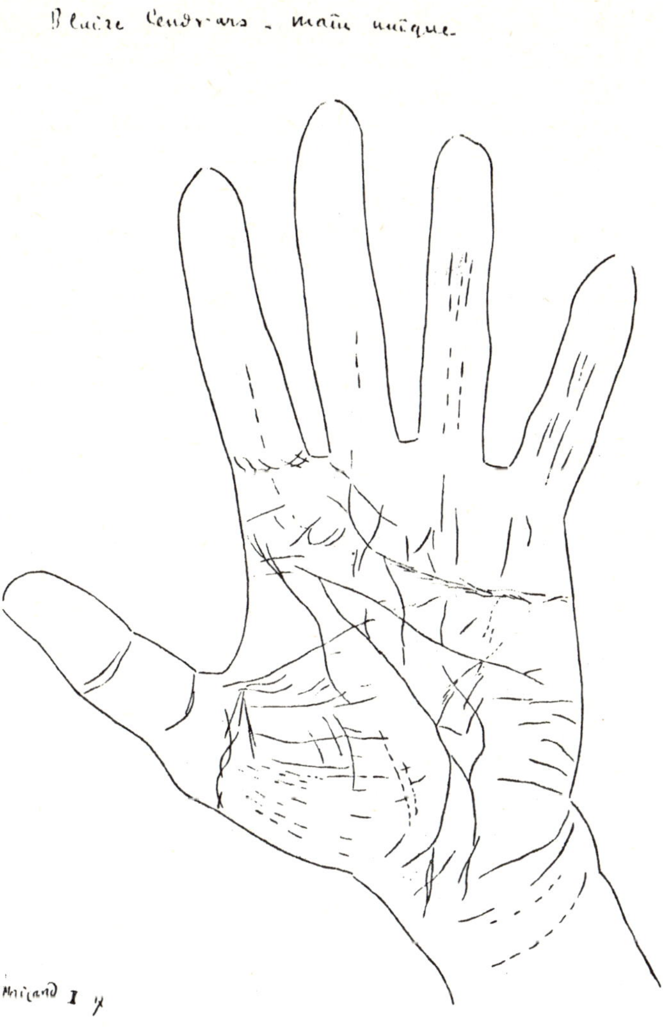

Cendrars' linke Hand, gezeichnet von Conrad Moricand.

1948 beim Verlag Denoël in Paris, als sein Buch «Bourlinguer» erschien.

gen Tagen der Fremdenlegion, zogst du es vor, Korporal zu bleiben, nicht mehr; als Kriegsopfer betteltest du in deinem eigenen geliebten Paris um Almosen, und wenig später lagst du in New York, Boston, New Orleans, Frisco in der Gosse ... Du bist weit gewandert, du hast deine Tage verbummelt, du hast die Kerze an beiden Enden entzündet, du hast Freunde und Feinde gewonnen, du hast gewagt, die Wahrheit zu schreiben, du bist jeden Pfad bis zu Ende gegangen, und du bist noch in der Blüte deines Lebens, du baust noch Luftschlösser, brichst noch Vorsätze, Gewohnheiten, Entschlüsse, weil *zu leben* dein erstes Anliegen ist, und du *lebst* und wirst fortfahren zu leben, im Fleische wie auf der Ehrenliste der Auserwählten. Wie närrisch, wie absurd von mir zu denken, daß ich *dir* helfen könnte, daß ich durch das Eintreten mit meinem geringen Wort hier und da für dich, wie ich zuvor sagte, deinen Fall vorantreiben könnte. Du brauchst *meine* Hilfe so wenig wie jede andere. Nur durch die Art deines Lebens, wie du es lebst, hilfst du automatisch uns, uns allen, überall, wo das Leben gelebt wird. Noch einmal nehme ich den Hut vor dir ab. Ich verbeuge mich in Ehrerbietung. Ich habe nicht das Recht, dich zu grüßen, weil ich nicht deinesgleichen bin. Ich ziehe es vor, dein Verehrer zu bleiben, dein dich liebender Schüler, dein geistiger Bruder in der Ewigkeit.

Du beschließt deine Grüße stets mit *»ma main amie«*. Ich ergreife diese warme linke Hand, die du ausstreckst und drücke sie freudig, dankbar und mit einem immerwährenden Segen auf den Lippen.

L'AVENTURE C'EST DU BOULOT DU BOULOT DU BOULOT BLAISE CENDRARS

Du bist einer der wenigen die man fragt Woher,
und die man brauchen kann während der Arbeit
während des Aufstehens und denen man ansieht:
Das Schlafen ist eine mißverständliche Angelegenheit.

Ich hätte dich gern gekannt,

ich wollte, daß mir meine Gedichte viele
Menschen suchen wie du.
Aber nun stehe ich vor mir
und nehme den rüchigen Schatten der Berge
unter den Arm,
damit wir aufhören uns zu besinnen.

Ich weiß, Blaise, daß es jetzt viel zu
schön ist um Gedichte zu schreiben
hier am Thunersee gegenüber dem Beatenberg.

Beat Brechbühl

ILJA EHRENBURG

BLAISE CENDRARS

Die junge Besitzerin unseres Hotels ging dazu über, Prostituierte mit Kunden für eine Stunde aufzunehmen, verlegen lächelnd (sie war zwanzig Jahre alt) sagte sie: «Da kann man nichts machen — c'est la guerre...» Die Soldaten bekamen hin und wieder sechs Tage Urlaub. An der Gare de l'Est standen Tausende von Huren und fingen die Urlauber ab. Dic Zcitungen druckten Annoncen, in denen schußfeste Brustpanzer angepriesen wurden. Erboste Frauen machten Jagd auf «Deserteure»; einmal war ich Zeuge, wie ein von zwei Frauen verfolgter Mann zum Beweis seiner Invalidität ein künstliches Auge aus der Augenhöhle herausnahm. Über den Bürgersteig humpelten Beinamputierte. In den Kabaretts sang man das Lied vom Helden, der hundert Boches tötete und mit hundert Weibern schlief.

Die mobilisierten Maler wurden zur Tarnung von Lastwagen herangezogen — bald fuhren Autos durch die Straßen, die wie kubistische Gemälde aussahen.

Ich saß ohne Geld da — private Geldüberweisungen aus Rußland waren verboten. Ich lud nachts auf dem Güterbahnhof Montparnasse Granaten aus — dort gab es keine medizinische Voruntersuchung. Anfangs zogen mich die Arbeiter wegen meines hohen Hutes auf, aber bald freundete ich mich mit ihnen an. Die meisten Arbeiter waren alte Männer und Kranke. Während der Mitternachtspause nahmen wir ein gemeinsames Frühstück ein und erzählten der Reihe nach lustige Ge-

schichten. Morgens ging ich ins Hotel, schlief den halben Tag und begab mich dann in die «Rotonde».
Viele «Rotonde»-Habitués waren an der Front: Léger, Kisling, Guillaume, Apollinaire, *Blaise Cendrars*, Gleizes. Diego Rivera hatte sich als Freiwilliger melden wollen, war aber wegen seines kranken Beines abgewiesen worden. Schon vor dem Krieg war die «Rotonde» ein Ort, wo die Untergangsstimmung zum Kaffee serviert wurde. Als sich das Vorgefühl zur Alltagswirklichkeit Europas verfestigt hatte, war begreiflicherweise Picasso darüber weniger erstaunt als seine Bäckerin. Letztere war Witwe und kinderlos; sie paßte sich dem Krieg, so gut es ging, an, aber plötzlich schluchzte sie auf: «Können Sie mir vielleicht verraten, wer sich das ausgedacht hat? Die sind alle übergeschnappt, sage ich Ihnen. Wenn mir jemand erklären kann, warum geschossen wird, so gebe ich dem Betreffenden sofort zwanzig Franc in bar! Und wissen Sie vielleicht, wieviel jetzt das Kilo Butter kostet?» Picasso schien alles vorausgewußt zu haben. Er arbeitete viel, kam gegen Abend in die «Rotonde». Ich traf mich mit ihm, mit Modigliani, mit Rivera. Die Nachtarbeit erschöpfte mich, ich las Dostojewskij und die Apokryphen, schrieb Verse, die sich immer rasender gebärdeten. Ein zufälliger Gast hätte denken können, daß die «Rotonde» auf neutralem Gebiet liege — in Wirklichkeit hatte die Katastrophe lange vor dem 2. August 1914 ihren Schatten auf sie geworfen. Im Jahr 1913 lasen wir alle die Dichtung von Blaise Cendrars «Die Prosa der sibirischen Straße und die kleine Jeanne». Darin heißt es: «Ich sah stille Kolonnen, schwarze Kolonnen, sie kehrten wie Gespenster aus dem Fernen

Osten zurück. Mein Auge begleitete sie — die Laterne am letzten Wagen. Auf dem Bahnhof Taiga lagen hunderttausend agonisierende Verwundete. In Krasnojarsk sah ich die Lazarette. Ich sah eine Kolonne Geistesgestörter. Feuer war auf allen Gesichtern, Feuer schwelte in allen Herzen.»

(Ein ungewöhnlicher Mensch — dieser Blaise Cendrars! Man könnte ihn einen romantischen Abenteurer nennen, hätte das Wort Abenteurer nicht seine ursprüngliche Bedeutung eingebüßt. Sohn eines Schotten und einer Schweizerin, ein hervorragender französischer Dichter, der Apollinaire beeinflußt hat, Ausübender unzähliger Berufe und Globetrotter, war er die Hefe seiner Generation. Mit sechzehn reiste er nach Rußland, dann nach China und Indien, kehrte nach Rußland zurück, fuhr nach Amerika; diente in der Fremdenlegion, verlor bei einem Feldzug die rechte Hand, weilte in Argentinien, Brasilien und Paraguay; arbeitete als Heizer in Argentinien, als Wanderjongleur in Frankreich, drehte zusammen mit Abel Gance den Film «Das Rad», war Türkisaufkäufer in Persien, Imker, Traktorist; schrieb ein Buch über Rimskij-Korssakow. Niemals habe ich ihn kleinmütig oder verzweifelt erlebt.)

Nun kam die Zeit der Zeppeline. In den Mondnächten hing ein großes Luftschiff über der Stadt; der Beschuß konnte ihm nichts anhaben — die Luftabwehr war noch sehr schwach. Wir genossen den Anblick und fluchten. Später jagte man uns in die Metroschächte. Zum erstenmal vernahm ich den Laut der Sirene, deren Name mich genauso verblüffte wie kurz vorher die Bezeichnung «Taube» für ein Kriegsflugzeug. Die Sirenen von Hellas sangen überaus lieblich, ihr Singen machte die Seefahrer kopflos, Odysseus mußte die Ohren seiner Gefährten mit Wachs verstopfen. Die Sirenen des zwanzigsten Jahrhunderts, deren Lieder ich in Spanien, in Paris, in Moskau immer wieder hören sollte, haben dagegen eine abscheuliche Stimme. Die Kriege glichen einander kaum, doch die Sirenen von 1941 heulten genauso gräßlich wie die von 1915. In der Metro war ein buntes Treiben wie auf einem Jahrmarkt; chinesische Nüsse und Joffre-Bilder wurden feilgeboten. Die Verliebten küßten sich — unbeirrt durch Zeppeline ... Am Morgen betrachteten wir die ausgeweideten Häuser. Inmitten von Unrat und Staub lagen Familienbilder, Geschirrscherben, plattgedrückte Kinderbetten. Die Nachbarn standen herum: zählten die Opfer, weinten. Der Tod wurde zum Vertrauten.

Es gab unter den «Rotonde»-Besuchern eine Malerin namens Wassiljewa. Ihr Hobby war die Verfertigung von Puppen, die bei Liebhabern guten Absatz fanden. Es war eine tatkräftige und gesellige Frau. Während des Krieges machte sie eine Küche auf, wo sich Maler billig verköstigen konnten. Abends versammelte man sich manchmal dort, trank, rezitierte Verse, verkündete Prophezeiungen oder schrie ganz einfach vor sich hin. Auch ich trug mein Teil zu den Weissagungen und Flüchen bei.

JÜRG FEDERSPIEL

«BIN ICH EIN SCHWEIZER?»

«Bin ich ein Schweizer wie mein Vater? Oder ein Meerfisch wie meine ägyptische Amme? Bin ich ein Italiener, Schotte oder Flame wie mein Großvater? Wie immer: Ich bin der erste meines Namens . . .» Blaise Cendrars hieß Fritz Sauser, stammte aus Sigriswil, geboren wurde er in La Chaux-de-Fonds; Blaise Cendrars jedoch kam im Hôtel des Etrangers in Paris zur Welt und schrieb ein Leben lang die Autobiographie von Fritz Sauser unter dem Pseudonym Cendrars.

Die Biographie beginnt im Jahre 1902, in La Chaux-de-Fonds eben; er ist — in Sachen Autobiographie — so lässig wie Brecht in Sachen geistigen Eigentums, und in der Tat steht es dem Autor durchaus frei, sein Leben so zu sehen, wie er es haben wollte, und wer einen anderen Namen für sich erfindet und feststellt, er sei der erste dieses Namens, dem darf man diese Freiheit zugestehen; die Mühsal bleibt späteren Biographen überlassen. Nehmen wir weiterhin an: Der Fünfzehnjährige klettert nachts aus seinem Zimmer, von Balkon zu Balkon auf die Straße hinunter, einen Koffer mit dem Familiensilber in der Hand haltend, Münzen in der Tasche aus dem zerbrochenen Sparschwein seiner Schwester; mit dem Vater hat er sich verzankt, die Schulbehörde meldet 357 unentschuldigte Absenzen in diesem Jahr — fort!

Wohin?

Gewöhnlich hörten sich die später vor Gericht vorgelesenen biographischen Auszüge ehemaliger Fremdenlegionäre nach ihrer Rückkehr in die Schweiz so an: Mangel an Disziplin und Konzentration, Neigung zu kriminellen Handlungen, Langeweile auf dem heimatlichen Asphalt, Atavismen aus der Reisläuferzeit der Schweiz beinahe — das war nichts Seltenes. (Mein Großvater verließ als Medizinstudent die Schweiz, fuhr nach Belgien, dann in den Kongo, von wo er nach zwölf Jahren als Kommandant des Leopoldville Distrikts zurückkehrte, dem Regierungsbefehl gehorchend, schweizer Bürger dürften nicht mehr in fremden Heeren dienen; die Feststellung, daß General Wille, ein Freund meines Großvaters, preußische Militärausbildung besaß und Hochdeutsch sprach, scheint mir nicht überflüssig.) «Bleibe im Lande und nähre dich redlich» — es gehört zur schweizer Mentalität, das Verlassen des heimatlichen Grundes, besonders was Künstler und Schriftsteller anbetrifft, als eine schleichende Form des Verrats zu betrachten, ganz besonders dann, wenn jene außer Landes zu Ruhm oder Anerkennung gelangen. Es gibt Schriftsteller — Friedrich Dürrenmatt zum Beispiel —, die die Schweiz (freilich mit der Absicht zu verärgern) als lediglich «angenehmen Wohnort» definieren; für andere ist die Schweiz kein angenehmer Ort zu leben, aus vielerlei Gründen — und dennoch: die Schweiz bleibt für fast alle, die sie verließen Sehnsucht; die Schweiz ist ein Elternhaus, und weder Le Corbusier (im selben Quartier wie Cendrars aufgewachsen) noch Arthur Honegger oder Giacometti vermochten sich je völlig von ihrem angestammten Land zu lösen, so sehr ihnen schweizerische Mentalität verhaßt war; zuweilen — so scheint es — ist auch in den Filmen Jean-Luc Godards die grimmige Sehnsucht des Provinzlers zu spüren, der nicht mehr weiß, ob er aus einer kulturellen Minorität ausgestoßen wurde oder sich selber von ihr distanziert hat. Die Provinzler-Herkunft jedenfalls schärft das Auge, die Wahrnehmung: In historischer Windstille aufgewachsen, empfindet und durchschaut er rascher, nicht zuletzt auf Grund der Untugend des Provinzlers, immer Vergleiche anzustellen. In die Heimat zurückgekehrt erfährt er, daß er vorerst nur *sich selber* erfahren und wenig mitzuteilen hat, was eben die Heimat aus der Ruhe aufschrecken könnte. Und so, auf seine eigene Erfahrung, die nicht allgemein gültig ist, zurückgeworfen, kämpft er ohnmächtig mit der Ohnmacht seiner Heimat.

Doch die Rede sei von Fritz Sauser. Nehmen wir an, daß er an jenem frühen Morgen im Jahre 1902 den ersten Eisenbahnzug von Südwesten nach Nordwesten bestiegen hat: *«Bâle? Pourquoi Bâle?»* Er ist, schreibt er, wie ein Schlafwandler aus seinem Vaterhaus fortgegangen und besteigt nun wie ein Schlafender einen Zug, dann den nächsten —

Berlin. Hamburg. Dann Königsberg. Breslau. Köln. Er verläßt jeweils den Bahnhof überhaupt nicht, er steigt einfach in den nächsten wartenden Zug, auch wenn die Lokomotive noch kalt wartet. Die meisten Züge fahren nach Berlin.

Tage später findet er sich in Breslau. Im Bahnhofsrestaurant lernt er einen polnischen Diamantenhändler kennen, Rogovin mit Namen.

1902. Cecil Rhodes stirbt steinreich in Kapstadt. In Barcelona schlägt Primo de Rivera einen Aufstand nieder. Kuba wird amerikanisches Protektorat, und

Trotzki gelingt die Flucht aus der ostsibirischen Gefangenschaft . . .
Sibirien. Dorthin nimmt Rogovin den jungen Sauser mit, als Leibwache, Gehilfen, später als Kompagnon. Fritz Sauser gewinnt Vermögen, lebt in China, in der Mongolei, in Siam; später arbeitet er als Jongleur in London, beachtet den Anfänger Chaplin, weilt in Brüssel als Bühnenstatist und während der Weltausstellung in Paris als tunesischer Teppichhändler.
1907 verschwindet er wieder in Rußland, reist quer durch Asien und gelangt über Kanada nach New York.

1949 in Saint-Segond, Villefranche-sur-Mer.

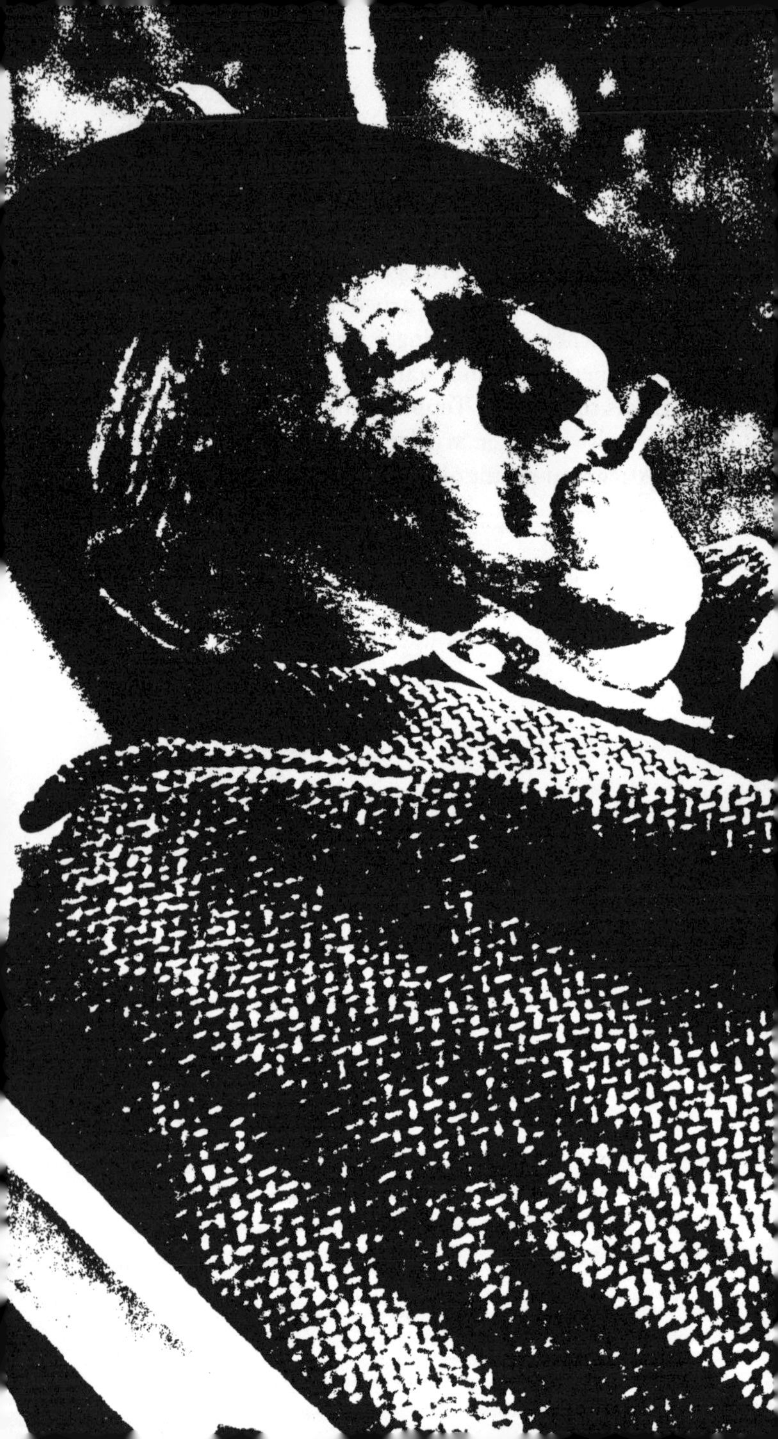

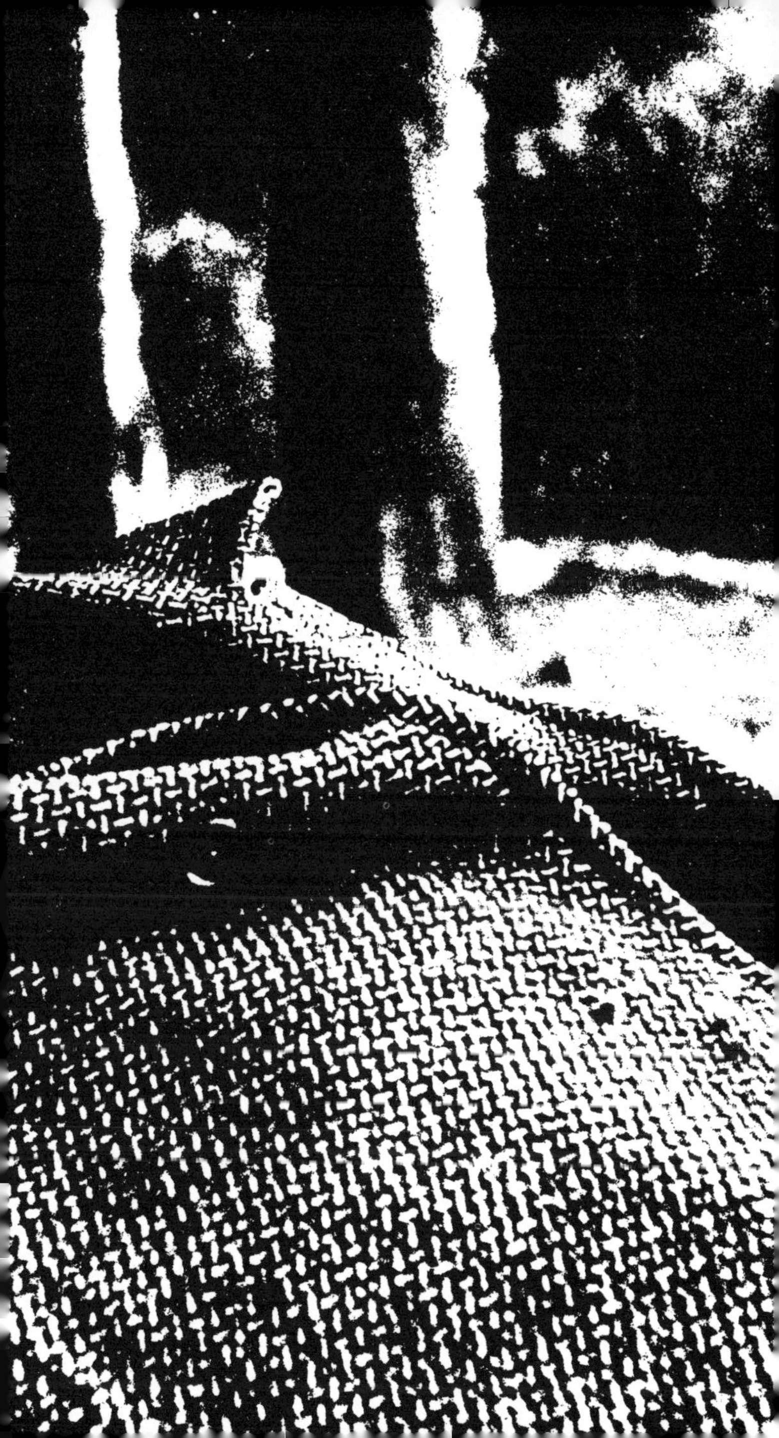

BLAISE CENDRARS

Er entwich aus dem Fenster,
um ein Leben lang
die Schule zu schwänzen.

Eine Erstausgabe von Villon
in der Tasche
durchreiste er die Welt.

Er erkannte die Länder
blindlings,
an ihrem Geruch.

Den Kreml sah er als
riesigen,
mit Gold überbackenen
Tartarenkuchen.

Seinen Rennwagen fuhr er mit der Linken.
(Die Rechte hatte er im Krieg verloren)

Er hatte Lavater, Euler
und Thomas Platter
zu seinen Vorfahren ernannt.

Mit sechzig
erschien ihm die Verwandtschaft
jedoch ungewiß.

Elisabeth Meylan

GEROLD SPÄTH

BLAISE CENDRARS, MAGISTER

Von seinen gefährlichen linken Haken, den hochberühmten und sehr berüchtigten, hatte ich natürlich schon gehört; allerdings ist zu sagen: nur links konnte Cendrars Haken schlagen, rechts flegelte er wie ein Windmühlrad, denn rechts war dort, wo man (obwohl man's wußte) seine andere Faust erwartete, einfach nichts außer dem Stummel. Die Faust hatte ihm der Krieg gefressen.

Ich traf Blaise Cendrars in Neapel, Sonnglast und Schlagschatten, und er erzählte von Taormina, der bemalten Stadt der Ungeheuer. Später dann Moskau und Petersburg, und nun war es Mascha Uptschak, die große stattliche litauische Jüdin mit dem üppigen Busen, die in Deutschland Mathematik studierte und ein Buch über das Perpetuum mobile geschrieben hatte. Er und Mascha hatten zuweilen etwas von Tragöden und Wahrsagern, und wenn die Taschen voll Geld waren — auch das wußte ich und sah's auch gleich —, explodierte seine Großzügigkeit, barst aus in ungeheuerliche Verschwendung.

Damals war Moravagine bei ihm, der Moloch Moravagine, Idiot, Bauchaufschlitzer, Attentäter, das Ungeheuer mit den vielen Namen, letzter Nachkomme der mächtigen Familie G . . . y und einziger authentischer Nachkomme des letzten Königs von Ungarn. Sie soffen und machten Verschwörung und Revolution und immerzu Pläne, nächtelang Pläne; alkoholdunst- und rauchgeschwängerte Visionenschwaden spiralnebelten

mit Cendrars Atem, seinem langen heißen Atem in die hohen weiten flachen Nächte hinaus. «Weißt du noch?» sagte er «Weißt du noch? Und jetzt, und jetzt. Weißt du.» Sie sangen die Chants de Maldoror, speichelstiebend, dieses rasende Leuchtfeuer, und verbrannten — Phoenix! — und rissen die Fenster auf, schlangen Eisluft, scharf wie Stahl, in die aufgehenden Lungen, und der Tag kam.
«Kommst du mit? Kommst du?»
Unter uns die Schienen, das Rädergeratter der Transsibirischen und links Land und rechts Land, Land voraus, hinter uns, in der Mitte Cendrars mit seinem Gesicht aus Vulkanerde.
Aber dann fuhr der Zug doch nicht ab; das zählte allerdings nie, Cendrars füllte die Halle mit Gelächter und stieg in den Schützengraben, knietief stand das Schlammus, Gewittersäcke zogen auf im Westen, Wind huschte, geisterte Wellen ins ungemähte Gras drüben an der weichen Flanke des Hügels, er kam in Stößen, in kräftigen Schüben schon, und die Blase platzte endlich. Donnerschläge trieben ihr die Wasserschwälle aus — «Weißt du noch? Und jetzt. Und jetzt.»
Granaten raulten weit vorn in jäher Todesbrunst, die Erde stöhnte, und die rote Sonne sank hinten in den Schleierdunst; Cendrars hatte eine kalte ausgebrannte Achtelzigarette an der Unterlippe hängen, wie eine leergeschossene Kleinkaliberhülse sah sie aus, und wiegte seinen Kopf, flüsterte vom herben Hauch, vom Riechsalz in ihren Achselhöhlen — «Meine Prinzessin . . .» hauchte er; dann nichts als tosende Stille und sein tiefer Atem. Er hatte Sehnsucht, er wollte in die große weite Wärme am Amazonas, wollte träg treiben

im Wasser, auf trüben Wellen mitten im Strom. Und das Gold ungewaschen lassen, die Diamanten ungeschliffen.

Hängende grüne Ufer glitten vorbei, die tiefen Träume des Henri Rousseau, von nächtlichen Schreivögeln oder Dämonen verpfiffen, und draußen Cendrars, ein dunkles Floß, Flirrglanz ringsum, oben der große Mond so scharfrandig wie die singende Stahlscheibe jener Maschine, mit der die Metzgersfrauen Würste schneiden, jede Schnitte welk und von verletztlichen Fingern umspielt.

Cendrars erzählte von der toten Infantin Eulalia und von der Comtesse de Castries und von der Marquise de Villa-Urutia, zerbrechliche Geschöpfe die eine wie die andern, und von blasenden und singenden Walen und vom kleinen Segelschiff, das ihm sein Großvater zum Geburtstag kaufte; auf dem Neuenburgersee hatte er's vor langer Zeit an den Wind gebracht; und auch später wieder Sonne in weißen Tüchern und das Spiel der Spiegelungen, huschend über die blanken Spanten.

«Wir sind jetzt an den dunklen Siedlungen vorbei», sagte er. «Ich will auf dem Rücken liegen und in die Höhe schauen.»

Er sah schlafende Schlangen damals, und seine erfahrene Hand liebkoste die Flaumhaut eines reifenden Pfirsichs.

«Weißt du, man kann Sterne pflücken mit den Augen, wenn man sie schließt.»

Dann wieder Wochen in Südfrankreich, versengter Staub, Flirrlicht in den Bäumen, Sonnfleckentanz im Schatten; und dann Paris wie früher, Absinth und naßschwarze Straßen voll Neongeschrei in der orgelnden

LII RÉPONSES DE BLAISE CENDRAR

Quel est, pour vous, le comble de la misère? La confusion mentale.

Où aimeriez-vous vivre? Partout. Partout à la fois.

Votre idéal de bonheur terrestre? le paradis vert des amours enfantines.

Pour quelles fautes avez-vous le plus d'indulgence? Le mensonge.

Quels sont les héros de roman que vous préférez? Perceval. Robinson. Don Quichotte.

Quel est votre personnage historique favori? Charles Quint.

Vos héroïnes favorites dans la vie réelle? Les comédiennes.

Vos héroïnes dans la fiction? Les stars de Hollywood.

Votre peintre favori? Aucun.

Votre musicien favori? Erik Satie, peut-être...

Votre qualité préférée chez l'homme? La simplicité.

Votre qualité préférée chez la femme? La simplicité.

Votre vertu préférée? La charité.

Votre occupation préférée? Flâner, ne rien faire.

Qui auriez-vous aimé être? Personne.

Le principal trait de mon caractère? La paresse.

La qualité que je désire chez un homme? L'insouciance.

La qualité que je préfère chez une femme? L'innocence.

Ce que j'apprécie le plus chez mes amis? Le coeur l'âme ou l'esprit.

Mon principal défaut? Rêvasser.

~~*Mon occupation préférée?*~~

Antworten Cendrars' auf das sogenannte «Questionnaire Proust», 15. 5. 1950.

U QUESTIONNAIRE DE MARCEL PROUST

La couleur que je préfère? Le jaune.

La fleur que j'aime? Le jasmin.

L'oiseau que je préfère? Le toucan.

Mes auteurs favoris en prose? Schopenhauer. Rabelais. Les vieux chroniqueurs

Mes poètes préférés? Gérard de Nerval et les Chinois

Mes héros dans la vie réelle? L'Idiot de Dostoïewski.

~~*Mes héroïnes dans l'histoire?*~~

Mes noms favoris? [redacted] Mon pseudonyme.

Ce que je déteste par-dessus tout? Ecrire par métier, un gagne-pain!

Caractères historiques que je méprise le plus? Cortez et Marina.

Le fait militaire que j'admire le plus? Les ~~[illegible]~~ chansons de marche de la R.A.F.

La réforme que j'admire le plus? La destruction du monde par la bombe H — si elle y parvient?...

Le don de la nature que je voudrais avoir? [redacted] m'envoler. (Avoir la faculté de)

Comment j'aimerais mourir? Je ne sais pas.

Etat présent de mon esprit? [redacted] L'humour poétique, qui est l'art d'éclater de rire en plein pathétique.

~~*Fautes qui m'inspirent le plus d'indulgence?*~~

Ma devise? Je n'en ai pas ou alors celle de Charles Quint: Nondum! – Pas encore!

Signature:

Blaise Cendrars

Paris, le 15 mai 1950, un lundi, à 7 heures du soir.

Nacht. Der streunende Hund unterwegs, Cendrars füllt Säcke, stopft voll, bindet zu, wirft hin, und es sind seine Bücher, prall, überfließend, stinkend, brüllend und rülpsend, duftend, flüsternd, stöhnend, fluchend, flötend.
«Man muß absacken und hochschießen.»
Ich traf Henry Miller oder Céline, was weiß ich, das ist ja alles so wahr, weil's nicht stimmt, und wir tranken ein Glas. Ja, und wer war denn noch dabei? Brancusi, Tinguely? Benazzi? Modigliani? Oder Pascin, der sich erhängte, Léger, Braque? — Du bringst alles durcheinander! — Ja, schon möglich, warum nicht; einer sagte: «Blaise hat doch ...»
War das in Istanbul? Isfahan? An der Küste von Guadeloupe? Rio?
Nein, dort nicht, und doch; irgendwo hat er auf Menschen geschossen, hat Menschen geschmuggelt, beraubt, beschenkt, zum Beispiel jene dicke lärmige Frau mit dem weißen Blitz im Mund, wenn ihre Stimme im Zorn schwoll wie die Adern unter der braunen Haut ihres runden Halses. Und hat er nicht ganze Bars gekauft, Spelunken voll Weiber und Wucherer? Hat er nicht?
Möglich, ja, und geklaut, fröhlichen Gewissens, und die Wahrheit dann am genauesten gesagt, wenn er log, daß selbst den Hähnen das Krähen verging — und er also doch nicht log, wie?
Und hat sich geduckt, umsichtig, damit er das Spinnnetz nicht zerreiße, hat gewußt, um wieviel älter die Fische, um wieviel leichter die Vögel sind und daß nicht nur der Copain Hilfe braucht, und nicht nur dann und wann.

73./

ouissant l'un l'autre, chacun devenant incandescent et fondant sous l'ac-
ion de la grâce, de la contemplation, de la jubilation, de l'impulsion, de
a possession, de la joie et de l'amour pur qui se donne impétueusement et est
bsorbé : incendie d'amour divin.

100.

'est l'instant de Dieu.

101.

idi.

102.

'est l'heure.

103.

la citadelle part ~~[...]~~ le coup de canon de la méridienne auquel le soleil
erpendiculaire a mis le feu par un jeu de lentilles.

104.

'où les clameurs de saint Joseph de Cupertino quand il s'envolait.
nterrogé par le cardinal de Lauria, sur ces cris, ~~[...]~~ Frère Joseph ré-
ondit : - La poudre, quand elle s'embrase dans l'arquebuse, éclate avec un
rand bruit; ainsi le coeur embrasé du divin amour... AMEN!

105.

l poussait un cri et s'envolait.
l voletait devant l'autel, non comme un oiseau devant un miroir, qui se
ogne la tête contre sa propre image, mais il était en extase devant la
ace de Dieu.

....

... EMISSIO SUSPIRIO CUM MAGNU EJULATU...

d'après l'orgue des Acta Sanctorum des Bollandistes, page 1023 du
ome ? de septembre, marginalia B/C, édité Apud Bernardum
lbertum Plasschi, MDCCLV. in-f°
(ANTVERPIAE)

Blaise Cendrars
1949.

Manuskriptseite aus Cendrars' «Le Lotissement du Ciel» 1949.

«Ja!» — sie kannten ihn — «Ja, ja, Blaise! Er hat, er kann das, es ist einfach und unglaublich! So groß ist sein Bauch. Und sein Herz auch.»
Es gibt einige wenige, ich weiß es, einige wenige, an denen kann man nicht vorbei; ihre Gesichter sind voll Ernst, Gelächter, Ausdauer, Inbrunst, Würde, voll Mensch; in ihren Gesichtern und Geschichten kann man das Leben lesen. Blaise Cendrars ist so einer.

BLAISE CENDRARS ZUM GEDENKEN

Das Ballett «La Création du Monde» war ein Auftrag von Rolf de Maré, dem Leiter des berühmten «Ballet Suédois», der uns um das Jahr 1922 erteilt wurde. Blaise Cendrars hatte kurz vorher seine «Anthologie nègre» veröffentlicht, und Rolf de Maré hatte von ihm als Anregung für ein Ballett die Erlaubnis erbeten, eine der Legenden aus diesem Sammelband auszuwählen. So kam es, daß unsere ganze Gruppe sich aufgrund dieses Projektes zusammenfand: Blaise Cendrars als Dichter, Fernand Léger für die Dekorationen und die Kostüme und ich für die Musik.

DARIUS MILHAUD

Cendrars bedeutet für mich sehr viel. Wir haben zusammen viele Streifzüge durch Paris gemacht und in unseren jungen Jahren ganze Nächte damit verbracht, nach unserem Licht zu suchen. Das meine war noch sehr unklar, das seine bereits ein wahres Prisma.

JEAN COCTEAU

Damals lernte ich auch Blaise Cendrars kennen, dessen außerordentliche Persönlichkeit sich auf allen künstlerischen Gebieten manifestierte und der mir auch die Erlaubnis gab, einzelne Teile seines schönen Gedichtes «Pâques à New York» zu vertonen.

ARTHUR HONEGGER

Der Schweizer Dichter Blaise Cendrars gehört meines Erachtens mit mir und Fleuret zu den drei einzigen Dichtern, die heutzutage eine wirkliche lyrische Begabung haben.

GUILLAUME APOLLINAIRE

Seine Gedichte waren Glanzstücke unseres Dada-Repertoires, erfüllt vom großen Atem des Abenteuers und der Welterfahrung, weshalb es uns fast unglaubhaft vorkommen wollte, daß Blaise Cendrars eigentlich Schweizer war.

TRISTAN TZARA

Seine Freundschaft hat mich geprägt, man kann es nachlesen in "Prisme", wo ich vor allem, schon 1919, die Lektüre von "Moravagine" erwähne, und wo ich, auf Seite 313, um es genau zu sagen, seinen Namen nach Novalis und Rimbaud als dritten unter den Dichtern erwähne, die für mich die wichtigsten waren. Ich verdanke Blaise, der eine grosse Kenntnis der esoterischen Literatur hatte, die Bekanntschaft mit Jakob Böhme, der eine entscheidende Bedeutung für meine ganze Entwicklung bekommen hat.

A B E L   G A N C E

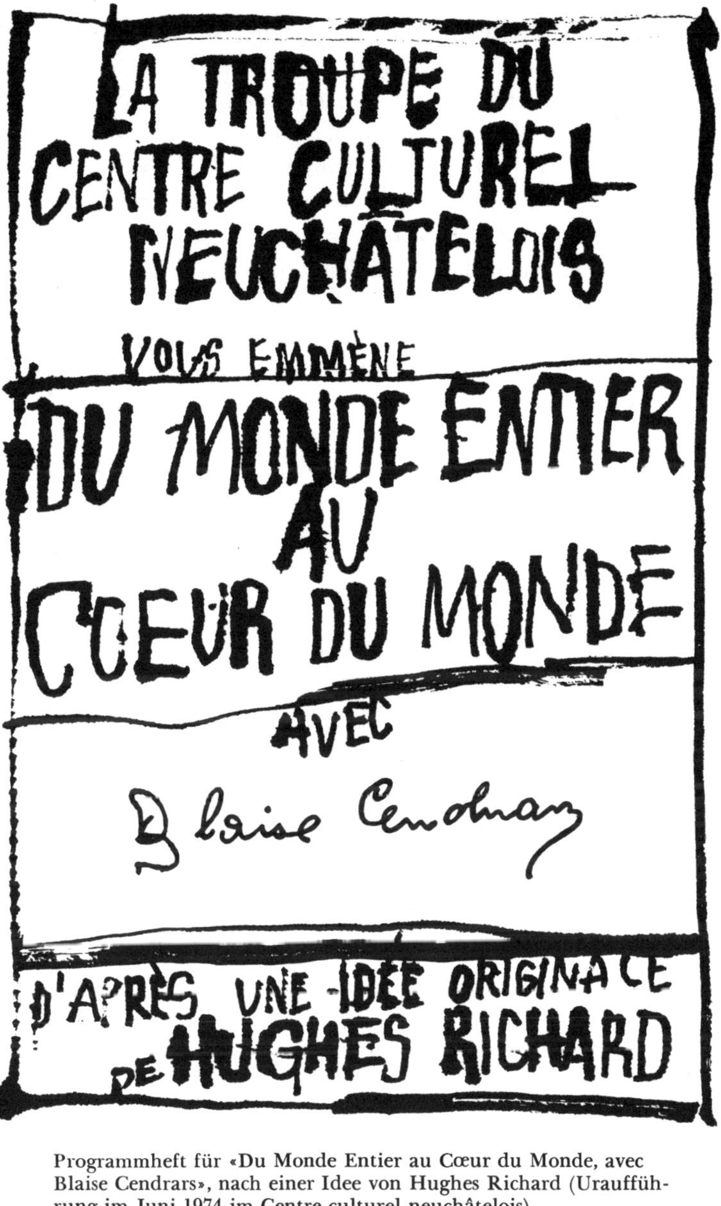

Programmheft für «Du Monde Entier au Cœur du Monde, avec Blaise Cendrars», nach einer Idee von Hughes Richard (Uraufführung im Juni 1974 im Centre culturel neuchâtelois).

Wem hat Cendrars nicht wohlgetan? Wie viele Selbstvergitterungen durchstoßen, wieviel Freiheit gespendet, verschwendet. Die Zahl seiner Freunde ist Legion. Der ganze französische Olymp der letzten 50 Jahre gehört dazu. Und die Kraft und Fähigkeit des Freisetzens ist in seinen Schriften nicht weniger gegenwärtig. Man liest ihn, und die Selbstlast verflüchtigt sich. Keine Systeme. Keine Dogmen. Die Amoral als Vorderseite der Moral. Das Selbstverständnis als Voraussetzung jeder Handlung. Die Rechtfertigung im Nichtgelingen. Wahrlich, ein Medikament, das im Dunklen wirkt. Die Philosophie ohne Spiegel, einfach nur aus einem Fonds von unverwüstlicher Freß-, Sauf- und Venusfreudigkeit gespeist. Dabei keine Spekulation auf Jüngerschaft ...

WERNER HELWIG

Ein kleiner Mann, mit einer hohen Stirne und einer wie zusammengedrückten untern Gesichtspartie, Hornkneifer, Schnüfflerfalten zu beiden Seiten der Nase, wird mir vorgestellt: «Der Dichter Tristan Tzara.» Ein großer, schöner Mensch, mit schwarzen Haaren und sehr ebenmäßigem Gesicht begleitet ihn: «Der Maler Marcel Janco.» Da beide nicht sehr gut Deutsch sprechen, führen wir drei die Unterhaltung auf französisch. Ich muß in einer halben Stunde die Namen von etwa einem Dutzend mir vollkommen unbekannten Berühmtheiten kennenlernen, und meine Unwissenheit bedrückt mich tief. Wer kannte damals Blaise Cendrars, Jacob, den Douanier Rousseau, Picasso, Derain, Franz Marc und Kandinsky?

FRIEDRICH GLAUSER

Cendrars um 1956, beim Schreiben mit der linken Hand

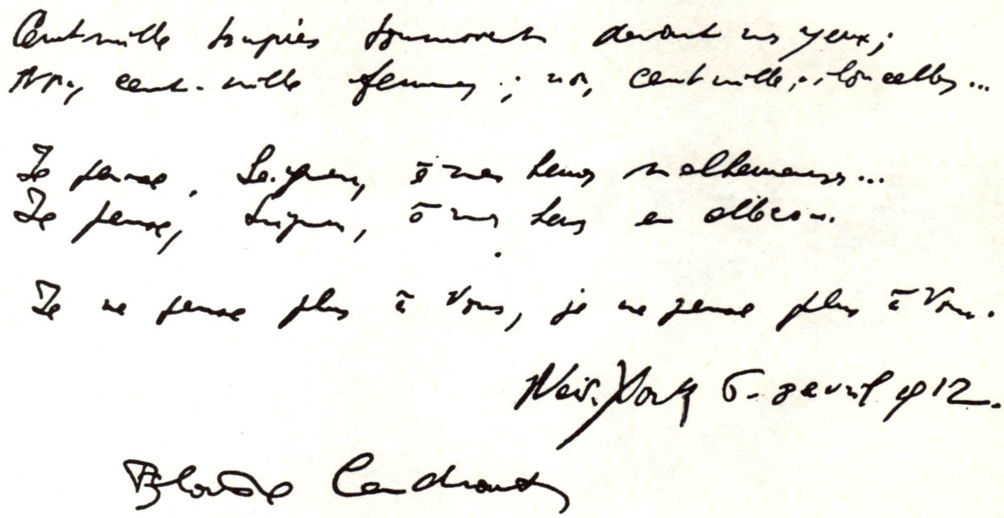

Zwei Handschriftproben:
Aus dem Manuskript «Pâques à New York» (1912), geschrieben mit der rechten Hand.

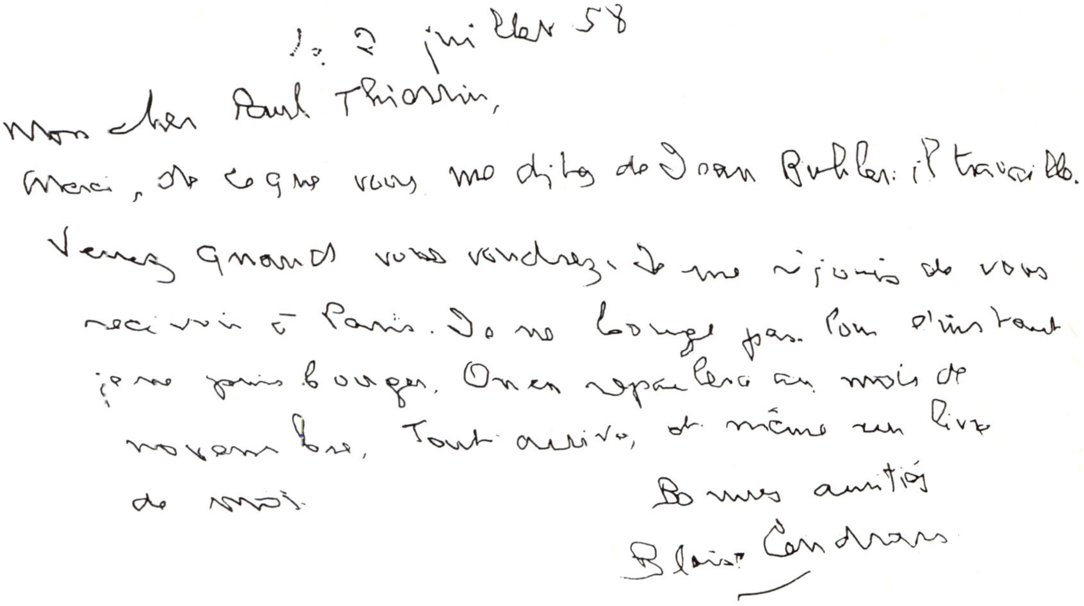

le 2 juillet 58

Mon cher Paul Thiessing,

Merci, de ce que vous me dites de Jean Buhler: il travaille.

Venez quand vous voudrez. Je me réjouis de vous recevoir à Paris. Je ne bouge pas. Pour l'instant je ne puis bouger. On en reparlera au mois de novembre. Tout arrive, et même un livre de moi.

Bonnes amitiés

Blaise Cendrars

Briefstelle aus dem Jahre 1958, geschrieben mit der linken Hand.

Er traf im "Café Rotonde" mit jenen zusammen, die er mit einem seiner Lieblingswörter, mit "Copin", nannte. Er war von einer faszinierenden Herzlichkeit, und wo immer er erschien, grüsste man ihn laut und sprach ihn an, denn seine Beliebtheit im Quartier Montparnasse war überwältigend. Die Maler liebten ihn und hatten grosses Vertrauen zu ihm. Pascin, Soutine und vor allem Modigliani holten sich bei ihm Rat, und er gab sich eine ungeheure Mühe, ihnen Mut zu machen. Denn man vergisst leicht, dass ihr Leben damals schwierig und hart war. Oft war es eine richtige Misere...
Dort, im "Café Rotonde", wenn er mit den Malern sprach, lernte ich seine grösste Gabe kennen - den Enthusiasmus.

P H I L I P P E S O U P A U L T

Rhum. Dies ist der Titel des neuen Buches von Blaise Cendrars, in welchem das Abenteuer des Jean Galmot denen eine Lektion erteilt, die sich anstrengen, zwischen Journalismus und «Literatur» einen Unterschied zu machen. Wie wenn Daniel Defoe nicht ein Zeitungsmann gewesen wäre, und wie wenn, infolgedessen, nicht trotzdem, sein Werk in den folgenden Jahrhunderten als große Kunst betrachtet worden wäre! Das eben hat Cendrars verwirklicht: Eine Art, ein Dichter zu sein, indem man ohne Zwang schreibt (ohne «a priori» kompliziert oder überspannt oder andauernd erhaben zu sein), und von Dingen, nicht ohne, sondern mit Anlaß, und zwar von solchen, die furchtbar interessieren. Manchmal schreibt er. Andere Male führt er in die Gesellschaft ein. Das «Unternehmen» ist ebenso verdienstvoll wie dessen Realisierung. Man kennt andauernd Beispiele davon. Ein Autor kann, wie irgendein Erfinder oder ein Schöpfer von irgendetwas, und wäre er selbst erhaben, keine Bedeutung haben, wenn ein anderer, der kräftige Fäuste hat, ihn nicht packt, um ihn an seinen richtigen Platz zu stellen.

CHARLES-ALBERT CINGRIA

Die Zärtlichkeit tritt Cendrars aus allen Poren.

HENRY MILLER

Die letzten beiden Seiten seines Textes "La guerre au Luxembourg" gehören zum Schönsten, was ich je gelesen habe.

MAX JACOB

Cendrars hat die «Ilias und Odyssee» des 20. Jahrhunderts geschrieben. Mit den Worten des 20. Jahrhunderts, mit dem Geruch dieses Jahrhunderts und mit dem Dekor dieses Jahrhunderts ... Für mich ist Cendrars einer der wichtigsten Autoren. Vielleicht sogar, mit Céline, der bedeutendste der ersten Jahrhunderthälfte.

MICHEL RAGON

Ich weiß nicht mehr genau, wann ich Blaise Cendrars zum ersten Mal persönlich begegnet bin; wahrscheinlich im Jahre 1924, bei meinem Freund Gerald Murphy, oder dann auf einem meiner Spaziergänge mit Fernand Léger. Aber es will mir scheinen, ich hätte damals ‚Panama' und den ‚Transsibérien' schon lange gelesen, und ich bewunderte diese Werke sehr: Ihre Globetrotterart sagte mir zu, denn ich lebte damals ganz ähnlich.
Soviel steht fest: Etwa 1926 oder 1927 entschloß ich mich, nicht nur seine Gedichte ins Englische zu übersetzen, sondern auch Fragmente aus ‚Documentaire' und ‚Formose': Ich machte diese Übersetzungen auf der Rückfahrt von einer Frankreich-Reise, in einem Milieu «tout à fait Cendrars», an Bord eines kleinen spanischen Dampfers, auf der Überfahrt Cadix — Canaries — La Havane. Ich habe das Ganze in einem Sammelband mit dem Titel ‚Panama' veröffentlicht und ein Vorwort dazu geschrieben. Das Buch macht mir noch heute große Freude, denn es wurde mit farbigen Zeichnungen illustriert, die ich selber verfertigt hatte. Aber über die Gedichte von Blaise Cendrars hatte ich schon früher einen begeisterten Text geschrieben, welcher in meinem Buch ‚Orient-Express' erschienen ist und worin ich Cendrars als ‚transsibirischen Homer' definiert habe.
Seine Dichtungen habe ich immer leidenschaftlich geliebt, und der Mann war ein ebensolches Vergnügen wie seine Bücher.

JOHN DOS PASSOS

Eine Aufnahme aus Cendrars' letzten Lebensjahren

1911 begegnete ich Cendrars das erste Mal. Mit seinem Gelächter, mit seiner ganzen überschäumenden Jugend brach er in mein Atelier ein. Da ich schlecht Französisch konnte, sprach er russisch mit mir. Alles an ihm schien zu verschmelzen: seine Augen, seine ganze Gestalt, seine Worte. Er besah meine Bilder nicht: er verschlang sie. Und dann ist eine Liebe daraus geworden, eine brüderliche Freundschaft. Zu jener Zeit, da mit Apollinaire an der Spitze der stolze Kubismus sich aufspielte, war die Freundschaft Cendrars für mich eine Ermutigung. Seine Gedichte - ich liebe sie wie meine Geburtsstadt, wie meine Vergangenheit, wie das Sonnenlicht. Seine Seele und seine Farben sind ausgelegt auf meiner Palette, sie klagen und weinen.

MARC CHAGALL

Wenn auch die Schreibweise je nach den Ortsgepflogenheiten etwas ändert, so erkennt man auf genaueren Karten unschwer die Fülle geographischer Einzelnamen wie New Bern, New Glarus, New Friburg, New Hélvetia und Tell City. Auf diese Weise baut sich auf den fünf Erdteilen als ausgleichender Gegenpol einer traditionellen Schweiz des Konformismus und der Banken langsam eine fünfte, dynamische Schweiz auf, die weitaus kühnste von allen. Ob Ärzte oder Missionare, Kupferstecher oder Drucker, Generäle oder Künstler aller Gattungen, ob Uhrmacher oder Unternehmer, Schreiner oder Seidenhändler, Architekten oder Chemiker, immer waren und bleiben die starken Persönlichkeiten, die sie hervorgebracht hat, «auf der ganzen Welt» (so lautet ein anderer Titel Cendrars) die besten Botschafter für das, was man nicht ohne Selbstzufriedenheit die helvetische Tüchtigkeit nennt. Aber neben jenen, die sich einen Platz an der Sonne erobern konnten, neben einem Thomas Platter, dem schreibunkundigen Ziegenhirten, den wir in einen fahrenden Schüler verwandelt auf den armseligen Landstraßen jener Zeit wandern sehen und der sich am Ende seiner Wanderschaft in Basel niederläßt, wo er ein Freund des Erasmus und ein großer Gelehrter seiner Zeit wird, gibt es die große Zahl jener — man vergißt dies nur zu oft —, denen die Auswanderung bittere Früchte beschert hat. Für diese gescheiterten Abenteurer, diese Versager und Verworfenen, Krüppel und Geächteten der Gesellschaft, die Landstreicher und gerichtlich Verfolgten, für diese ganze Menschheit in Tränen und Lumpen erstand ein Dichter in einer Nacht des Hungers und der Verlassenheit, in einer Osternacht in New York, der Dichter, dessen Schrei sogleich um die ganze Welt tönte:

«Herr, die Masse der Armen, die Du geopfert,
hier ist sie,
Zusammengepfercht wie das Vieh, hier in den
Auffanglagern»

und:

«Herr, ich bin im Unterschlupf der guten Diebe,
Der Landstreicher, Habenichtse und Gauner.»

Man schrieb das Jahr 1912. «Ostern in New York» erschien einige Monate später in Paris, bezeichnenderweise in der Reihe von «Hommes Nouveaux». Kein Literaturkritiker nahm das kleine Heft ernst, voll von Druckfehlern wie es war. Es stammte aus der Feder eines Unbekannten: Blaise Cendrars.

HUGHES RICHARD

Wenn ich an seine Landsleute denke, denen ich in Zürich während der Dadazeit begegnet bin, finde ich es erstaunlich, dass Cendrars Schweizer ist. Aber als ich dann hörte, dass er in der gleichen Stadt geboren ist wie Le Corbusier und der grosse Chevrolet, dessen Wagen ich schon immer bewunderte, finde ich es eher erstaunlich, wie lange ich diesen Teil der Schweiz unterschätzt habe.

P I C A B I A

Der Angesehenste in diesem Lokal, dem Restaurant Brebant, ist Blaise Cendrars, über den man heute in Frankreich die meisten Legenden fabriziert. Er hat schon einige Male auf die verrückteste Weise sein Vermögen vertollt. In Paris, in der Bretagne, in Neapel, London und New York soll er eigene Paläste besitzen. Er ist heute der am meisten reisende französische Literat. Er hat den russisch-japanischen Krieg mitgemacht. Er ist in China gewesen: er kennt wie ein Jack London Amerika. Von ihm stammt die amüsanteste Beschreibung von Walt Whitmans Begräbnis, die er im «Mercur de France» veröffentlichte; er behauptet, Walt Whitman hätte in seinem Testament verfügt, man solle sein Begräbnis zu einem Freudenfest gestalten. Alle Anwesenden sollen betrunken gewesen sein. Man tollte und tanzte mit Whitmans Sarg auf dem Kirchhof. Cendrars begegnet man überall in der Welt. Zuletzt sah ich ihn mit einer sehr schönen Frau in Rom; er stand gerade im Begriff, eine Indienreise anzutreten. Ist er in Paris, so sieht man ihn nur bei Vater Fredy trinken. Er ist der beste Trinker Frankreichs.

EMIL SZITTYA

Als wir Blaise gekannt haben, Robert und ich, war er 25 oder 26 Jahre alt genau so, wie er immer blieb, faul und genial zugleich, eine Art von grossem Kind, das in einer ständigen Unordnung lebte, dem Zufall ausgeliefert, und das man nur lieben konnte.

S O N I A   D E L A U N A Y

... Ich glaube gern, daß er ein großer Visionär war, aber über seine ungeheuerlichen Geschichten amüsierte er sich selbst als erster, vor allem, wenn er sie in Anwesenheit meiner Freunde zum besten gab, alles schwerblütige und ernste Landsleute, die ihre Verblüffung nicht verbargen, wenn ich sie mit Blaise zum Mittagessen nach Ouchy mitnahm. Er spielte immer wieder mit dem leeren Ärmel seiner Jacke, wobei er uns mit seinen kleinen Elefantenaugen listig beobachtete: und

plötzlich sah ich in ihm den kleinen Jungen wieder, der sich durch das Fenster seines väterlichen Hauses auf die Flucht machte, weil er das Korsett des kleinbürgerlichen Lebens in dieser Schweizer Stadt nicht mehr ertragen konnte — ich sah in ihm den Schweizer Emigranten, der wie Suter und viele andere seinem Vaterland entflohen ist. Ich konnte ihn, den großen Reisenden, im kleinen Hafen vom Ouchy photographieren, mit dem See und seinen Schiffen im Hintergrund, wobei sich sein Blick in der Ferne verlor ... Im Grunde genommen, obwohl Poet «du monde entier» genannt, blieb er zutiefst und trotz allem Schweizer.
Dies zeigte sich auch besonders, als ich mit ihm nach Sigriswil pilgerte und an manch anderen Ort seiner Kindheit und Jugend: neugierig versuchte er, die Spuren seiner Familie wiederzufinden; man spürte, wie vor seinem innern Auge eine Lebensart auftauchte, welche auch die seine hätte werden können, die er aber auf Anhieb abgelehnt hatte und die ihn doch auf seltsame Art beunruhigte.

ALBERT MERMOUD

Zweifellos bringt Cendrars den Randexistenzen Zärtlichkeit entgegen, den Gesetzlosen aller Art, von denen er in allen seinen Büchern erstaunliche Porträts zeichnet. Aber seine volle Sympathie gilt nur denen, die wirklich einen Sinn für Freiheit haben, und darunter muß man bei ihm eine Freiheit der inneren Freude verstehen, geistig und vor allem poetisch. Der Abenteurer nach seinem Herzen ist nicht irgendein Gesetzesbrecher, sondern einer, der sich auflehnt, um sich besser den Freuden der Erinnerung und der Phantasie hingeben zu können. Von diesem höheren Typ des Abenteurers gibt es übrigens nur ein Beispiel in Cendrars' Werken, und das ist er selbst.

ALBERT BEGUIN

Herzlichen Dank, Blaise Cendrars, dass du uns die Poesie wiederentdeckt hast.

A N D R E M A L R A U X

BLAISE CENDRARS

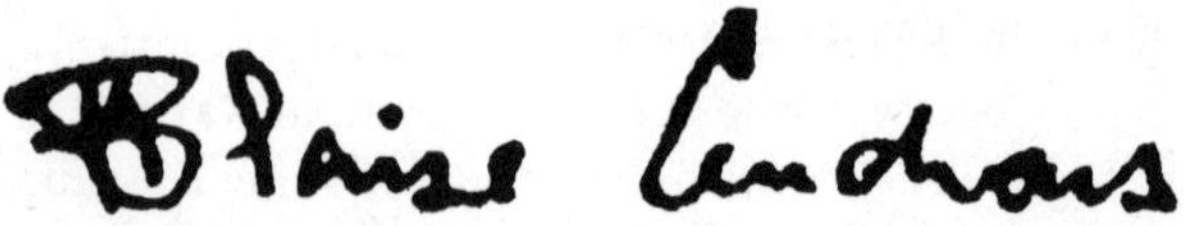

1887 am 1. September geboren in La Chaux-de-Fonds (Schweiz) als Sohn eines Berner Oberländers und einer Zürcherin. Bürgerlicher Name: Frédéric Louis Sauser.

1904 Erste große Reise über Basel und München nach Rußland und China.

1907 Rückkehr in die Schweiz. Als Medizin-Student an der Universität Bern.

1910 Aufenthalt in Paris.

1911 Reise nach New York, wo 1912 sein frühes Gedicht «Ostern in New York» entstand.

1913 Rückkehr nach Paris. Freundschaft mit Apollinaire, Chagall, Léger und Modigliani.

1915 verliert er als Kriegsfreiwilliger der Fremdenlegion den rechten Arm.

1920 dreht er mit Abel Gance den Film «La Roue».

1921 erscheint seine «Anthologie nègre».

1923 schreibt er das Scenario zum Ballett «La Création du Monde» mit Dekors von Léger und Musik von Darius Milhaud.

1924 Reise nach Brasilien.

1925 erscheint der Lebensroman General Suters, «Gold».

1936 Aufenthalt in Hollywood.

1939 beginnt seine Tätigkeit als Kriegsberichterstatter im englischen Hauptquartier.
1944 Erste Ausgabe der «Poésies complètes».
1950 heiratet Cendrars in seinem Heimatort Sigriswil (Berner Oberland) die Schauspielerin Raymone.
1960 beginnt der Verlag Denoël in Paris eine Ausgabe seiner Gesammelten Werke, welche acht umfangreiche Bände umfaßt.
1961 stirbt Blaise Cendrars am 21. Januar, nachdem er am 17. Januar mit dem großen Literaturpreis der Stadt Paris ausgezeichnet worden war.

DAS GESAMTWERK VON BLAISE CENDRARS

Es umfaßt nahezu 40 Titel und wurde erstmals in den 8 Bänden der «Edition complète des œuvres de Blaise Cendrars» zusammengefaßt, welche 1960 im Verlag Denoël in Paris zu erscheinen begann und 1965 abgeschlossen wurde. Diese «Edition complète» liegt auch der auf mehrere Bände angelegten Werkausgabe in deutscher Sprache zugrunde, welche vom Verlag der Arche in Zürich vorbereitet wird und deren abschließender Band durch eine ausführliche Bibliographie ergänzt werden soll.

QUELLENHINWEIS UND DANK

Der Herausgeber dankt folgenden Autoren und Verlagen für die Abdrucksgenehmigung:
Henry Miller «Blaise Cendrars» aus *Ein Henry Miller Lesebuch*, hrsg. von Lawrence Durrell, aus dem Amerikanischen übertragen von Jürgen Manthey, Rowohlt Taschenbuch Verlag, Hamburg 1961.
Jürg Federspiel aus *Museum des Hasses*, Piper Verlag, München 1969.
Ilja Ehrenburg aus *Menschen - Jahre - Leben*, Autobiographie, Kindler Verlag, München 1962.
Beat Brechbühl aus *Der geschlagene Hund pißt an die Säulen des Tempels*, Gedichte, Diogenes Verlag, Zürich 1972.
Elisabeth Meylan aus *Entwurf zu einer Ebene*, Gedichte, Arche Verlag, Zürich 1973.
Der Text «B. C. — Magister» von Gerold Späth wurde nach dem Manuskript gedruckt.

Besonderen Dank möchten wir Herrn Hughes Richard in Neuchâtel aussprechen, der uns die meisten Photounterlagen aus seinem reichen Archiv zur Verfügung gestellt hat und von dem auch der aufschlussreiche Band *Dites-nous, Monsieur Blaise Cendrars . . .*, Editions Rencontre, Lausanne 1969, stammt, ebenso die umfangreiche Bibliographie in Bd. 8 der Gesamtausgabe im Verlag Denoël, Paris.

K. F.